TEATRO EN LOS BOSQUES DE CANTABRIA

TEATRO EN LOS BOSQUES DE CANTABRIA

Antonio Manrique Solana

Círculo Rojo
EDITORIAL

Primera edición: octubre 2024

Depósito legal: AL 3370-2024

ISBN: 978-84-1097-032-8

Impresión y encuadernación: Editorial Círculo Rojo

© Del texto: Antonio Manrique Solana
© Maquetación y diseño: Equipo de Editorial Círculo Rojo

Editorial Círculo Rojo
www.editorialcirculorojo.com
info@editorialcirculorojo.com

Impreso en España — Printed in Spain

A

CAROLINA y JUAN,

ALBA y LUCAS,

LARA y ALBA,

DARÍO,

GUILLERMO,

PAULA,

MARÍA y

VALERIA.

Las once personas que comenzasteis conmigo
esta maravillosa aventura.

PRÓLOGO

La mitología es la respuesta que damos los seres humanos a la necesidad de explicar lo inexplicable. En las fábulas, las leyendas y las antiguas tradiciones encontramos una gran parte de las respuestas que buscamos.

La lectura de las obras de Manuel Llano me generaron la inquietud por los "otros cántabros habitantes de los bosques de Cantabria". Seres como el Ojáncano, las Anjanas, las Brujas, el Trastolillo, los Caballucos del Diablo y muchos más desconocidos, forman parte de una "Fantasyrealidad" que se puede respirar en tantos y tantos rincones de nuestros bosques.

Barriopalacio es un pequeño pueblo del valle de Anievas (Cantabria), situado a unos pocos metros del centro geográfico de la región, a los pies de la Espina del Gallego. Una localidad en la que un grupo de personas han conseguido convertir su pueblo en referencia mitológica, con la creación de la "Mitocasuca" y la celebración de la Fiesta de la Mitología de interés turístico regional.

Comencé a escribir teatro por una petición de Patricia de Federico, presidenta entonces de la AMPA del colegio San José de Astillero. Querían hacer una obra de teatro para ofrecérsela a sus hijos en la Navidad del 2017. Bonita experiencia en mi pueblo que me dejó marcado.

Corría el año 2018 cuando recibí una llamada de teléfono que cambió mi vida. Mi interlocutora se presentó como Elena, presidenta de la Asociación de desarrollo rural "Dos Valles" y me ofreció presentar mi recién editado libro "Cuentucus" en la Mitocasuca. Para mí suponía todo un lujo llevar mis historias mitológicas hasta el lugar mágico donde nuestra cultura más ancestral se vive "de otra forma".

Era Elena Gutiérrez Ceballos, un alma buena, noble y con una capacidad de trabajo incansable. Desde el primer momento me cautivó su energía. ¡Claro! Cuando me dijo: "Antonio, necesitamos que nos eches una mano", solo pude decir: "Vale, cuenta con ello". Cuando alguien le dice eso a Elena, puede estar seguro de que se ha creado un vínculo difícil de explicar. En ese momento se generó una complicidad que durante estos años me ha motivado a trabajar mano a mano con ella y con la gente de Barriopalacio. Con sus familias, con sus vecinos y con todos los que han estado dispuestos a colaborar.

El día de la fiesta, cientos de visitantes acuden a disfrutar de unas calles decoradas con Anjanas, Trasgos, Trastolillos, Enanucos, Brujas, Ojáncanos y múltiples escenas costumbristas que ellos mismos preparan con un desborde de cariño, muy contagioso.

Diversas actividades completan un programa muy atractivo. Sin duda, una de las más esperadas es el teatro infantil. Desde el 2019 he tenido el privilegio de dirigir a un grupo de chicas y chicos de entre 2-3 y 14-15 años. Algunos de fuera del pueblo que nunca han dudado en dejar otras actividades para entregarse a unos ensayos intensos, esperando solo un estreno ilusionante. De todos ellos, once han estado conmigo desde el inicio. Los he visto crecer y han formado una parte muy importante de mi vida, igual que yo creo haber formado un poco de la suya. Con ellos y gracias a la confianza e implicación de sus familias, hemos teatralizado diferentes historias y situaciones en nuestro querido escenario, en el Bosque del Cárabu. Un escenario natural, imposible de mejorar.

Si no estoy mal informado, este año 2024 se ha cumplido la XV Fiesta de la Mitología de Barriopalacio (solo se interrumpió el 2020 y el 2021 por la triste pandemia). Cada año teníamos alguna baja causada por la edad, la intensidad de los estudios y en algún caso por la vergüenza y el miedo escénico. Lo compensábamos con alguna nueva incorporación. Teníamos la sensación de que algo estábamos haciendo bien. Las familias aportaban ideas, hacían los trajes, coloreaban los guiones para facilitar su aprendizaje y se esforzaban en traer a sus hijos a los ensayos. A veces a horas un tanto tardías, pero bueno, era verano y no había colegio. Los chicos se aprendían rápidamente los guiones, aportaban ideas y construíamos la obra entre todos. A veces me han visto alegre, otras no tanto, incluso enfadado. Me han visto dar voces, exigir el máximo, volver a repetir cuando algo no salía bien o no se oía. Alguna comenzó su primer año con un tenue hilo de tímida voz y ha terminado creyendo en sí misma y con mucha más seguridad, cosas del teatro.

Estamos muy orgullosos de cada una de las obras representadas. Solo esperamos que disfrutéis leyéndolas tanto como nosotros haciéndolas.

UNA HISTORIA DIFERENTE

Antonio Manrique

A.M.P.A COLEGIO SAN JOSÉ
(Astillero-Guarnizo)
2018

REPRESENTACIONES:

Salón de actos de la Residencia San Pedro de Astillero
Teatro de las Escuelas de Orejo (Marina de Cudeyo)
Centro Cívico "Manuel A. Salas" de Boo de Guarnizo (Astillero)

PERSONAJES

ENANUCO BIGARISTA .... M. José Cabello
TRASGO .... Ana Luisa Padel
OJÁNCANO .... Charo Berasategui
ARQUETU .... Marga Tagle
MUSGOSO .... Liselotte Rommel
ANJANA .... Elena García
ESTERU .... Carmen Estébanez
DOVIDERO.. Sandra Gómez
RANKO osezno.. Isabel Bolado
RANKO adulto .... Cristina Castanedo
GRANJERO .... Lucía Martín
CAMPESINO.. Zöe Jiménez
CAMPESINA.. Raquel López
ÑUBEROS........ Nubes (Alba, Elena y Laura); Rayos (Jimena y Lucas)
Coordinación.. Patricia de Federico

I

(Música cántabra de fondo 35")

SE ABRE EL TELÓN

(Foto bosque se mantiene fija, todo el acto)

(Desde un lateral aparece el druida Dovidero. Túnica negra con capucha, calva, largas melenas y barbas bastante desarregladas. Una rama coronada por una piedra de fuego en la que se apoya y un colgante dorado con la estela de Barros... Poco a poco, como corresponde a alguien de 808 años, llega hasta el centro del escenario)

(Si la música ha terminado comienza a hablar, si no espera a que termine)

(Druida, Dovidero): — ¡Habitantes de Cantabria, de los bosques, ríos, montañas, mares, cavernas… también de las aldeas, pueblos y ciudades! Soy Dovidero el druida. Tengo 808 años… más o menos. Vivo en un lugar de los bosques que solo conocen las Anjanas, los enanos, algunos osos, lobos, ciervos y urogallos. Un lugar lejano, no intentéis buscarme, es peligroso. Cuando me necesitéis yo lo sabré y acudiré.

Un pequeño osezno aparece vagando solo por el bosque. Lo recorre todo olisqueando cada rincón. Gruñe triste, no le gusta la soledad. Encuentra unas pocas bellotas que devora rápidamente, tiene hambre. Escarba la tierra, come las raíces que encuentra.

(Druida, Dovidero): — Quiero contaros la historia de Ranko: un oso que después de perder toda la esperanza, comprendió que, con amigos, solo hay que desear soñar con algo y entonces sucederá.

(Dovidero se retira por un lateral)

(De repente, al osuco le viene un olor muy agradable. Levanta la cabeza olisqueando el aire. En una esquina del escenario localiza un panel de miel)

(Ranko, el osezno): — Ummm… ¡qué olor! No sé por qué, creo que hoy voy a tener suerte.

(Es muy goloso y no puede resistirse. Se acerca, olisquea y comienza a comer. Su cara es de gran satisfacción. Aparece el granjero. Enfadado, amenaza con un palo de avellano. El osezno se asusta y se esconde. Se oculta tras unos matorrales)

(Granjero): — *(se muestra muy enfadado)* Estos osos me tienen aburrido. Todos los días me roban la miel. Conseguiré atrapar a uno de ellos y lo usaré de escarmiento para que los demás sepan lo que les ocurrirá si los atrapo. Lamentarán habarme robado. Me esconderé y esperaré a que aparezca alguno de nuevo. Ni siquiera en domingo puede estar uno tranquilo.

(El granjero desaparece por un lateral y el osezno vuelve a lo suyo. Olisqueando todo recorre de nuevo el escenario gruñendo hasta que escucha un sonido de flauta… (17"). El osezno se queda inmóvil y presta mucha atención, se asusta, se esconde y observa).

(Entra en escena un personaje vestido con sombrero, botas de musgo, y una larga barba grisácea, tocando la flauta alegremente y bailando. Observa los arbustos que se mueven)

(Musgoso): — ¿Quién está ahí metido? ¡Sal que te vea!

(Ranko, el osezno): — Hola, soy yo. *(El osezno sale de su escondrijo con timidez)*

(Musgoso): — ¿Qué cosa es esto? ¿Quién eres tú? *(Pregunta asombrado el flautista)*

(Ranko, el osezno): — Soy un pequeño oso. ¿Quién eres tú?

(Musgoso): — Nunca había visto un osuco tan pequeño solo. Soy el Musgoso, un hombre. Decidí vivir en el bosque porque no me gustaba ver cómo los míos perdían su tiempo en discusiones inútiles por cualquier cosa. Prefiero ser amigo de todos. Aviso cuando se acercan las tormentas. Ayudo a los que lo necesitan. Vigilo que los leñadores no corten más árboles de los que necesitan. ¿Qué haces por aquí? *(Mientras habla se ha sentado en un tronco caído y el osezno se ha acomodado delante de él)*

(Ranko, el osezno): — No sé dónde estoy. Estoy solo. Tengo hambre. Encuentro raíces, pero no sé si son buenas para comer. Tampoco sé distinguir las setas buenas de las malas. No sé nada… estoy asustado, tengo miedo. *(La tristeza se apodera de las palabras del osezno)*

(Musgoso): — Ja, ja, ja, no te preocupes. Ahora estás conmigo. Nada malo puede pasarte. Y tu familia, ¿dónde está? *(La curiosidad del Musgoso va en aumento)*

(Ranko, el osezno): — Ya no tengo familia. *(La tristeza va en aumento)*

(Musgoso): — Eso es imposible. ¡Todos tenemos familia! Algunos la tenemos lejana, pero es en los días de fiesta cuando más queremos estar todos juntos… ¡Mira, las raíces de esos helechos y esos brotes de acebo! *(el Musgoso le enseña un hermoso acebo)*… puedes comértelas todas. *(El osezno se abalanza hambriento y come como un auténtico glotón)* Alio el Enanuco nos ha llamado con su bígaro. Creo que vendrá nuestra Anjana mayor. Estará a punto de llegar. Te gustará conocerla.

(Ranko, el osezno): — Conozco a Alio, ¡somos amigos! ¿Una Anjana? ¿Quién? yo conozco a una, se llama Saja *(el osezno habla alegremente, con los carrillos llenos y sin dejar de comer)*

(Musgoso): — Eso quiere decir que vives en Cabuérniga.

(Ranko, el osezno): — ¿Cómo lo sabes? *(sorprendido)*

(Musgoso): — Porque cada valle tiene su Anjana y se llaman como el río que lo recorre. Todas aprenden de la Anjana mayor, la de Liébana. Ella es quien cuida de todos los que vivimos en el bosque. Se llama Deva.

(Ranko, el osezno): — ¡De todos no! De mi ¡noooo! *(la melancolía regresa al tono del osezno)*

(El Musgoso comienza a tocar de nuevo su flauta… 17" y SONÍDO DE BÍGARO… 9")

(Aparece Deva, túnica blanca, capa de seda, corona de flores y pequeñas alas. Con ella viene un enano de larga barba, gorro rojo, chaleco verde)

(La Anjana se sienta sobre un tronco, escucha y observa… se fija en el osezno que no para de comer)

(Anjana): — ¡Hola Musgoso, siempre tan puntual a la cita!... ¡Vaya, vaya, qué sorpresa!, veo que tenemos un nuevo amigo. *(voz suave, dulce y cariñosa, dirigiéndose a Ranko)*

(Musgoso): — Está solo y parece que asustado, además de hambriento. Me ha dicho que te conoce, Alio.

(Ranko se acerca a Deva y se tumba a sus pies sin dejar de mirarla con grandes ojos asombrados)

(Alio, el Enanuco Bigarísta): — ¡Ranko, que alegría encontrarte aquí! *(sorprendido y alegre)*

(Anjana): — ¿Quién eres, pequeñuco? *(tendiendo la mano al osezno)*

(Ranko, el osezno): — Me llamo Ranko.

(Anjana): — ¿Te has perdido? *(acaricia al oso y este ladea la cabeza y gruñe cariñoso. Le gusta)* Noto que no has recibido muchas caricias. Te veo triste. ¿Quieres contarnos qué te ocurre? *(sin dejar de acariciarlo)*

(Alio, el Enanuco Bigarísta): — Yo lo conozco. Es el más pequeño de una camada que nació hace poco en los bosques de Saja. ¿Qué haces por aquí?, tu familia estará muy preocupada. ¡Avisaré con mi bígaro! *(el enano coge su caracola, se la lleva a la boca…)*

(Ranko, el osezno): — ¡No, no lo hagas! *(gritando)*

(Alio, el Enanuco Bigarista): — ¿Por qué? ¿qué te ocurre? Pareces asustado… ¡Cálmate!

(Anjana): — Vamos a ver Ranko, cuéntame que te ocurre.

(Ranko, el osezno): — Es verdad. Nací hace poco. Soy el pequeño de varios hermanos, creo que cuatro o cinco. *(Ranko intenta recordar, pero duda)*

(Alio, el Enanuco Bigarista): — ¡Cinco, Ranko, cinco! *(asegura el enano)* Normalmente suelen ser 3 o 4 pero tu madre parió ¡cinco! Recuerda que conozco a tu familia y creo que… *(Deva le interrumpe y le pide silencio)*

(Se empieza a ver al Ojáncano moverse entre los árboles)

(Anjana): — Continúa Ranko, confía en mí.

(Ranko, el osezno): — Así es. Soy el más pequeño, el más débil, *(muy triste)* el que dicen que no sobrevivirá.

(Alio, el Enanuco Bigarista): — No, no, Ranko. No llores. Eres un animal, sobrevivirás porque eres fuerte y poderoso.

(Poco a poco va entrando en escena un ser enorme, cubierto de pelo, un solo ojo enrojecido en la frente y un llamativo y largo pelo blanco que nace en sus largas y desaliñadas barbas… se queda escuchando. Ranko lo ve, se asusta y calla)

(Anjana): — No temas, Ranko. Mientras yo esté aquí nada malo te sucederá. Continúa, por favor. *(con un gesto de su mano le dice al Ojáncano que se mantenga apartado)*

(Ranko, el osezno): — Tengo que buscarme la vida por mí solo, pero no sé ni siquiera lo que puedo o no puedo comer. Soy demasiado pequeño para pescar salmón en los rápidos de los ríos y aún no alcanzo a coger las frutas de los árboles.

(Resuena la carcajada del Ojáncano)

(Ojáncano): — ¡Qué biennnn! ¿y tú por dónde te mueves? Iré a buscarte *(se relame divertido entre risas, pero con su voz bronca y desagradable. Ranko se protege detrás de la Anjana)*

(Alio, el Enanuco Bigarista): — Bienvenido Ojáncano, pero no estamos aquí para soportar tus bromas *(Alio se enfrenta al Ojáncano, enfadado)*

(Ojáncano): — No bromeo, enano malhumorado. Ni con el oso ni contigo. Ya nos encontraremos.

(Anjana): — No estamos aquí para escuchar vuestras discusiones, *(se dirige a ambos, buscando calmar ánimos)* ¡Acuérdate Ojáncano! cuando eras pequeño fuimos nosotros los que te enseñamos a proteger ese pelo blanco de tus barbas. Ya sabes que sin él no podrías vivir. Creo que Ranko necesita nuestra ayuda. Continúa amiguco. *(Vuelve una tierna mirada al oso que se protege detrás de ella y que poco a poco vuelve a salir)*

(Ranko, el osezno): — Mi padre me explicó que mi fragilidad era un peligro para el resto de la familia. Soy lento, torpe, con poco olfato y por si fuera poco dicen que solo pienso en jugar.

(Alio, el Enanuco Bigarista): — ¡Claro! eres joven. Eres un oso. Los osos son fuertes, grandes, poderosos…

(Ranko, el osezno): — Quizá sí, pero solo los que llegan. Yo no tengo ninguna esperanza. Intento sobrevivir, pero son demasiados los peligros que me persiguen y solo no estaré mucho tiempo. Es mi destino. Los animales tenemos nuestras normas. El objetivo es sobrevivir. Es la ley del bosque… dura, pero es así.

(Anjana): — ¡Nunca debes de perderla! *(interrumpe Deva)*

(Ranko, el osezno): — ¿Qué es lo que no debo perder?

(Voz de alguien que se acerca): — ¡La esperanza!

(Aparece en escena el Arquetu. Se trata de un anciano que se desplaza lentamente. Largas melenas rojizas y frente despejada con una cruz rodeada de pequeñas llaves. Túnica blanca con manchas violetas, un zurrón. Lleva una pequeña arca con herrajes dorados en la izquierda y una llave colgando de su cuello. Poco a poco se acerca a los demás)

(Arquetu): — Hola Ojáncano, nuestro último encuentro no fue muy agradable.

(Ojáncano): — No. Me robaste una víctima *(enfadado como siempre)*

(Arquetu): — Nunca he robado nada ni a nadie. Salvé la vida del cervatillo. Lo escondí y lo volvería a hacer. ¿Qué tal estás, Musgoso? Hacía mucho que no te veía, aunque alguna vez te he escuchado lejano.

(Musgoso): — Estoy muy contento de verte y sobre todo de verte tan bien. Siempre es muy agradable reunirme con viejos amigos.

(Arquetu): — Tu lo has dicho, amigo. Viejo, muy viejo.

Hola Alio, escuché tu bígaro y aquí estoy.

Hola Deva, como siempre es un gran placer poder verte de nuevo.

(Alio, el Enanuco Bigarista): — ¿Qué tal abuelo? *(contesta Alio, esta vez muy alegre)*

(Anjana): — ¡Feliz de saludarte, Arquetu! Te presento un nuevo amigo: Ranko.

(Arquetu): — Acercándome he podido escuchar vuestra conversación. Querido osuco, te diré que siempre busco a quien necesita una segunda oportunidad. A quien tiene esperanza de que su vida puede cambiar. ¡Nunca dejes de soñar! fíjate un objetivo, convéncete de que es posible y lucha por él. Busca amigos, encuentra apoyos, ¡los encontrarás! Quédate con nosotros, lo comprobarás.

(Ranko mira al Arquetu con enorme interés, los demás asienten)

(Alio, el Enanuco Bigarista): — Hace muchos años yo estaba en tu situación. Un incendio terminó con el lugar donde vivía y pensé que mi destino sería igual. Entonces fue cuando conocí a los amigos del bosque y entre todos me ayudaron a construir una nueva ilusión.

(Anjana): — ¿Ves Ranko? Cuando menos lo esperas, encuentras amigos. Podemos ayudarte. Ven con nosotros. Si lo deseas, desde ahora, nosotros seremos tu familia.

(Ranko, el osezno): — ¿Adónde vamos, no seré una carga?

(Suena una fuerte y burlona risa y enseguida, entre el ramaje, aparece el Trasgo. Gorro rojo, orejas puntiagudas, vestido verde-parduzco)

(Trasgo): — ¡Una carga dice! *(continúa riendo)* Eres un oso amiguete, eres fuerte, ¡mira esas garras!, *(Ranko se mira las patas y hace un gesto de extrañeza)* Eres poderoso, todos te temen, puedes llevarnos a todos sobre tu lomo, ¡al mismo tiempo!

(Ranko, el osezno): — ¿Me has mirado bien o te estás riendo de mí?

(Trasgo): — Noooo, solo bromeo y me burlo de los humanos. Me gusta fastidiarles un poco *(vuelve su risa burlona)* Ahora eres pequeño y débil pero pronto serás grandote y fuerte.

(Ojáncano): — Por una vez estoy de acuerdo con todos.

(Todos se asombran y aplauden las palabras del Ojáncano)

(Musgoso): — Muy bien, Ranko se queda con nosotros. ¡Te ayudaremos! Sueña, confía, lucha… si mantienes tu ilusión y tus ganas de aprender, serás un gran oso.

(Ojáncano): — Bueno Alio, ahora dinos para qué nos has llamado.

(Alio, el Enanuco Bigarista): — Necesito vuestra ayuda para llevar algo hasta el bosque de Monte Corona, donde vive una familia de leñadores amigos míos.

(Trasgo): — ¿Algo? ¿el qué?

(Alio, el Enanuco Bigarista): — ¡¿Dovidero?! *(El druida que aparece con un cesto de mimbre. Se hace un silencio y todos prestan mucha atención. Se oye el llanto de un bebé... 16")*

SE CIERRA EL TELÓN

II

SE ABRE EL TELÓN *(Foto fija durante el II acto)*

(Sonido del bígaro… 9")

(Una pareja. Ella vestida con el traje típico está sentada leyendo un libro. Él, también vestido típico, con su vara de avellano. Poco a poco va entrando Deva. La mujer cierra el libro, ambos se sorprenden agradablemente. Deva se acerca hasta ellos)

(Hombre): — ¡Bienvenida Anjana Deva!

(Anjana): — Hola amigos. Supuse que os encontraría aquí.

(Mujer): — Hacía tiempo que no te veíamos. ¡Querida Deva!

(Anjana): — ¡Feliz de saludaros, pareja! Yo sí he estado pendiente de vosotros y siempre he sabido que estabais bien. He venido con unos cuantos amigos y con una pequeña sorpresa.

(Hombre): — Bien, pues que se acerquen todos.

(Entran en escena Musgoso, Arquetu, Trasgo, Ojáncano, Alio que tira de un burro que lleva una canastilla de mimbre. Ranko, da saltos alegres detrás de todos y gruñe contento)

(Alio, el Enanuco Bigarista): — ¿Puedes estarte quieto un ratuco, animal? (dirigiéndose al oso)*

(Ranko, el oso): — ¡Estoy contento, estoy feliz, tengo familia! y deja de llamarme animal, enano.

(Alio, el Enanuco Bigarista): —Tú a mí me llamas enano y no me molesta. ¿Cómo quieres que te llame?

(Ranko, el oso): — ¡Ranko! ¿Qué te parece?

(Deva los mira y con un gesto de sus manos les hace callar)

(Anjana): — No temáis por el Ojáncano, está ayudándonos. Y tampoco por el osezno, es muy jovenzuco.

(La pareja humana se ha abrazado asustada de verlos. Poco a poco se van acercando a Deva que los acoge en sus brazos. Hace un gesto a Alio que deposita la canastilla delante de ellos) (Llanto del bebé… 10")

(Mujer): — ¡Oh Dios mío, es un bebé! (se agacha y coge el bebé en su regazo. El bebé se calma con el movimiento de los brazos de la mujer y deja de llorar)* Tendrá hambre. Enseguida le daremos un poco de leche.

(Hombre): — ¿De quién es?

(Anjana): — Alio, por favor, cuenta lo que sabes.

(Alio, el Enanuco Bigarista): — Hace unos "diucas", estábamos celebrando nuestra pequeña fiesta con todos los habitantes del bosque, en la reserva del Saja, cerca de Tramborríos. De repente oímos el llanto de un bebé, nos acercamos y encontramos a Dovidero con esta canastilla y dentro estaba este niño. Lo había encontrado por casualidad. Con el bígaro avisamos de nuestro hallazgo, pero nadie respondió. Le alimentamos con leche de cabra.

(Anjana): — Es un humano y no debe de estar en el bosque. Necesita a alguien que le cuide y le enseñe. Enseguida pensamos en vosotros. No tenéis hijos. Llamé a estos amigos para traerlo hasta aquí y hasta el Ojáncano lo ha transportado en sus brazos. Ranko se nos ha unido y está aprendiendo que siempre hay esperanza para mejorar.

(La pareja está abrazada. Mantienen al niño arropado. Se miran y ambos asienten con una sonrisa, primero entre ellos, luego mirando al niño y por último dirigiéndose a Deva)

(Hombre): — Nosotros lo cuidaremos hasta que alguien lo reclame.

(Anjana): — Nadie va a preguntar por él. Desde hoy es vuestro hijo.

(Mujer): — ¿Cómo se llama?

(Anjana): — Esteru.

(Trasgo): — ¡Esteru! Suena bien, es divertido.

(Todos los personajes asienten y aplauden el nombre. Ranko gruñe)

(Hombre): — Esteru, crecerás aquí, te cuidaremos y te enseñaremos todo lo que sabemos. Hoy comienza tu vida.

(Anjana): — Todos estaremos muy pendientes de ti, Esteru. Tus padres te enseñarán a trabajar con la madera y a hacer todo

lo que ellos saben para que puedas ayudarlos a repartir la leña entre los que más la necesitan. Yo te regalo bondad, ilusión, imaginación y esperanza para que con ellas seas feliz y te dediques a repartir esa felicidad entre otros niños y niñas.

(Musgoso): — Yo te regalo una flauta. Te enseñaré a tocarla para que puedas llamarme siempre que me necesites y puedas avisar a los demás de cualquier peligro.

(Arquetu): — Aquí tenéis un par de monedas de oro para que os ayuden a comenzar una nueva vida. Utilizarlas para el beneficio de los que os quieren.

(Trasgo): — Yo te transmito alegría y felicidad. Con ellas aprenderás a transformar las dificultades en oportunidades de ser mejor cada día.

(Alio, el Enanuco Bigarista): — Yo he traído un burro para que os ayude en vuestras labores. Ahora es pequeño, pero crecerá y os ayudará a traer la leña y a repartirla por las aldeas. También cuidaré de que el Trastolillo no venga a molestaros.

(Todos miran al Ojáncano, pendientes de lo que vaya a decir)

(Ojáncano): — Te regalo fuerza para que nunca te canses de ayudar y de hacer felices a los demás. Te protegeré del Cuegle, el Pájaro de los ojos amarillos o la Guajona... He traído un trébol de cuatro hojas que los Caballucos del diablo no han podido comerse, para que lo conserves y así siempre tengas suerte.

(Ranko, el oso): — ¡Jooo…! yo no tengo nada, pero quiero venir a verlo de vez en cuando, ¡¿Puedo, porfa, porfa...?! *(pregunta Ranko con ingenuidad, pero entusiasmado, acercándose a la nueva familia)* ¡Nos divertiremos!

(Mujer): — ¡Claro que sí, siempre que quieras! *(la mujer acaricia al osezno)*

(Ranko, el oso): — ¡Jugaremos, creceremos y aprenderemos juntos! *(muy contento, da algún pequeño salto)*

(Alio, el Enanuco Bigarista): — ¡Ufff, pobre Esteru! El animal lo volverá loco *(exclama el enano hacia el público, formando un túnel con sus manos alrededor de su boca... Cree que nadie lo ha oído)*

(Ranko, el oso): — Te he oído enano. Me has vuelto a llamar animal.

(Hombre): — ¡Siempre que no me comas la miel, puedes venir tantas veces como quieras! *(risas de todos y Ranko se avergüenza un poco, bajando la cabeza)*

(Anjana): — ¡Esteru, hoy comienza tu nueva vida! Aprenderás a modelar la madera para hacer regalos que repartirás por las aldeas cántabras que visites con tu "burru". Será tu regalo para los más necesitados.

SE CIERRA EL TELÓN

III

SE ABRE EL TELÓN

(Suena la "Bailá de Ibio"…. 34")

(Imagen de los dos cortando leña en el bosque de Monte Corona, Esteru-niño y burru juegan)

(Druida Dovidero en off): "La infancia de Esteru fue muy feliz. Cada día ayudaba a su padre y a su madre a recoger la leña que ellos cortaban y, cargaban en los cuévanos que después transportarían con la ayuda de Burru"

(Imagen de Esteru leyendo a Ranko y Alio)

(Druida Dovidero en off): "De vez en cuando recibía la visita de Ranko que poco a poco se había hecho mucho más grande. También de Alio, que los animaba con su bígaro. Esteru les contaba alguno de los cuentucus de uno de sus libros"

(Imagen de Esteru tallando la figura de un oso sentado en el parque de las sequoias de Cabezón. Burru siempre a su lado. Ranko observándolos)

(Druida Dovidero en off): "Los años pasaban. Sus padres se hicieron mayores y Esteru se quedó solo. Ya tenía una poblada barba negra, cubría su cabeza con una boina y gustaba de usar camisas de cuadros. Había aprendido a manejar la navaja con mucha habilidad y era capaz de tallar preciosas figuras de madera que iba guardando"

(Imagen de Esteru y burru de espaldas, al fondo el pueblo de Udías)

(Druida Dovidero en off): "A menudo cargaba los cuévanos y bajaba a la aldea con Burru para repartir sus figuras a las niñas y niños de un albergue de huérfanos"

SE CIERRA EL TELÓN

IV

SE ABRE EL TELÓN. Foto Fija

(Salen Esteru con un saco, Burru y Ranko que los acompaña. Los tres van caminando)

(Ranko, el oso): — Estoy deseando ver esas carucas de sorpresa cuando les des su regalo… No lo esperan, ¿verdad? *(muy ilusionado)*

(Esteru): — No Ranko, no lo esperan, pero… tú no vas a poder verlo

(Ranko, el oso): — ¿Cómo qué no? ¿por qué? *(Se para y parece enfadarse)*

(Esteru): — Vamos a ver, animal. Si no te has dado cuenta eres un oso, un enorme oso. Mírate esas uñas, destrozarías a cualquiera solo con acariciarlo. *(Esteru señala las garras de Ranko que las levanta y se las mira girando las pezuñas y moviendo las uñas)*

(Ranko, el oso): — ¿Y si me las corto y me disfrazo deeee… urogallo, por ejemplo? *(Ranko vuelve a ilusionarse porque cree haber tenido una idea genial)*

(Esteru): — ¡¿De urogallo?! Ja, ja, ja *(suelta una sonora carcajada)* ¿Has visto alguna vez un urogallo de tu tamaño? Ranko, eres un oso, un enorme y fuerte oso. Te has convertido en alguien muy poderoso y por eso sobrevives. Eres un animal y seguirás siéndolo siempre. Por eso vives en el bosque. No puedes ni debes acercarte a los pueblos. Los humanos te temen y te atacarían. Deberás mantenerte emboscado, esperando nuestro regreso. Iremos Burru y yo.

(Ranko, el oso): — Sé que soy un animal, un oso. No quiero ser otra cosa, pero me gustan las personas pequeñucas, nunca les haría daño. Lo que pasa es que nunca me han dado la oportunidad. Siempre que he intentado acercarme, he tenido que huir porque los mayores venían a por mí, muy alterados.

(Esteru): — ¿Y te extraña? Te comes la miel de sus colmenas, asustas a sus animales, comes los salmones y las truchas, de vez en cuando te llevas alguna de sus ovejas…

(Ranko, el oso): — Solo cuando tengo hambre. *(intenta disculparse, pero lo reconoce bajando la cabeza y gruñendo)*

(Esteru): — Ya lo sé, amigo. Pero los humanos te ven fuerte, grande, poderoso.

(Ranko, el oso): — Pero yo no soy agresivo.

(Esteru): — Pero perteneces al bosque. Este es tu lugar. Aquí es donde has crecido y aquí es donde eres feliz.

(Suena la tormenta 2,37")

(LOS ÑUBEROS CRUZAN ENTRE EL PÚBLICO RIENDO Y LANZANDO RAYOS) (LLEVAN DIFUSORES CON AGUA Y LO ECHAN SOBRE LA GENTE)

Mientras aparecen las fotos (una tras otra):

(Esteru): — Un rayo ha caído en el albergue de los niños. ¡El tejado es muy viejo y se ha incendiado! ¡Quedaos aquí! *(Esteru sale corriendo. Burru y Ranko observan)*

(Alio, el Enanuco Bigarista): — ¡Espera! ¡Es muy peligroso! Vienen de la aldea con cubos de agua.

(Esteru): — ¡No podemos esperar! ¡Los niños! ¡Están dentro! *(entra en la casa)*

(Entran todos en el escenario, muy asustados)

(Alio, el Enanuco Bigarista): — ¡Por la ventana, Esteru… por la ventana! *(le grita Alio, mientras Musgoso, Trasgo, Arquetu y Ojáncano han llegado y formado una cadena para evacuar a los niños)*

(Esteru): — ¡Cogedlos! *(grita Esteru sacando a los niños por la ventana)*

(Esteru saca a los niños que estaban dentro) (dos muñecos)

(Ruido de derrumbe…7")

(Musgoso): — ¿Qué ha sido ese ruido tan fuerte?

(Sonido de Ranko gruñe, Burru rebuzna 15")

(Ojáncano): — ¡El techo, se ha derrumbado! ¡Voy a entrar! *(afirma alarmado, Ranko entra con él). (Llega Deva)*

(Anjana): — ¿Qué ha ocurrido?

(Musgoso): — La tormenta descargó un rayo. El albergue es viejo y prendió con facilidad. Esteru entró y pudo sacar a los niños por la ventana.

(Anjana): — ¿Dónde está Esteru?

(Trasgo): — El tejado se vino abajo. Ojáncano y Ranko han entrado a buscarlo.

(Ojáncano): — ¡Ayudadnos! *(se oye al Ojáncano que, con Ranko, aparece arrastrando el cuerpo de Esteru entre los dos)* Las vigas del techo le cayeron encima. Me temo lo peor. *(Depositan a Esteru sobre la hierba. Ranko gruñe, alarmado, inquieto)*

(Arquetu): — Me temo que ya no hay nada que podamos hacer por Esteru… No veo que respire. *(Todos bajan la cabeza, algunos lloran. Ranko gruñe fuerte, Burru rebuzna, los dos están desesperados. Deva se arrodilla junto a él. Ranko hace de almohada.)*

(Anjana): — Nunca perdáis la esperanza. ¡Esteru, Esteru! *(lo llama suavemente acariciando su cara)* No Esteru, tú no puedes terminar así. La esperanza de muchos niños y niñas depende de ti.

(Suena una alegre música de Vivaldi...15". Esteru se mueve, coge la mano de Deva y la zarpa de Ranko)

(Trasgo): — ¡Juhuuuuuu! *(salta y baila)*

(Todos se abrazan felices de ver que Esteru está bien. Ranko lanza un poderoso gruñido de felicidad)

(Anjana): — Todos en estos bosques te queremos, Esteru. Nos haces entender que todo puede ser mejor, que tenemos que disfrutar de los momentos felices. Cuando los enanos te encontraron en el bosque parecía que no podrías sobrevivir. Sin embargo, lo hiciste, y lo hiciste para hacer felices a los niños y niñas de Cantabria. *(Esteru se incorpora, sonríe)*

(Ranko, el oso): — ¡Y lo consiguió! ¡y lo seguirá haciendo! *(Ranko se abraza a él y vuelve gruñir fuerte y alegre)*

SE CIERRA EL TELÓN

V

SE ABRE EL TELÓN. FOTO BOSQUE

(Se ve a Deva sentada encima de un tronco. Ranko tumbado a sus pies. Un sonoro gruñido da paso a las palabras de la Anjana. Ranko levanta su cabeza y escucha atentamente)

(Anjana): — Esteru se recupera muy bien. Dentro de poco podrá continuar con su trabajo en los bosques.

(Ranko, el oso): — Y fabricando sus juguetes de madera para los niños.

(Anjana): — En eso tardará un poco más ya que para volver a manejar su navaja con seguridad y habilidad, deberá esperar hasta recuperar bien sus manos. Pero sin duda que lo hará.

(Ranko, el oso): — ¡Estoy seguro! ¡Es muy fuerte!

(Anjana): — ¿Sabes Ranko? Recuerdo muy bien cuando te conocí. Eras un pequeño osezno, atemorizado, solo, desorientado…, ni siquiera sabías lo que podías comer o no. Estabas seguro de que no ibas a sobrevivir porque fuiste el más pequeño y el más débil de tus hermanos, ¿Recuerdas animal?

(Ranko, el oso): — Si Deva, lo recuerdo perfectamente. Me gusta que tú me llames animal. También recuerdo que entre todos me hicisteis entender que siempre hay esperanza si hay ganas de mejorar.

(Anjana): — Así es querido osuco. Fíjate en lo que te has convertido. Ahora eres un enorme oso, fuerte, poderoso, temible, ¡mira esas garras! Aprendiste a distinguir los buenos alimentos, a invernar, a defenderte, a cazar. Creciste, conociste a Rania, esa hermosa osa con la que habéis tenido tres preciosos oseznos.

(Ranko, el oso): — ¡Y ha vuelto a ocurrir! ¡Uno de ellos es más débil que sus hermanos!

(Todos los personajes comienzan a entrar en el escenario)

(Anjana): — ¿Y qué pensáis hacer con él?

(Ranko, el oso): — Enseñarle a ser fuerte. A ser como los demás. A que esté orgulloso de ser el animal que es… ¡a vivir!

(Anjana): — Me gusta lo que dices, Ranko.

(Ranko, el oso): — Solo digo lo que aprendí de ti:

¡¡¡Nunca dejéis de soñar!!! (dirigiéndose al público)

(TODOS): — ¡¡¡LA ESPERANZA ES DESEAR QUE ALGO SUCEDA!!!

(LOS ÑUBEROS SE UNEN A TODOS PARA SALUDAR. Un enorme rugido suena en toda la sala… 23")

(Música FINAL)

EL CUMPLE DEL OJÁNCANO

Antonio Manrique

ASOCIACIÓN DE DESARROLLO RURAL "DOS VALLES"
Grupo de teatro infantil
"Un pueblo de Leyenda"
2019
Barriopalacio
(Anievas- Cantabria)

REPRESENTACIONES:

Fiesta de la Mitología de Cantabria en Barriopalacio (Anievas)
Centro Cultural "Evaristo Silió" de Molledo.
Encuentro canino/felino de Astillero y Guarnizo.
Centro Cívico "Manuel A. Salas" de Boo de Guarnizo.
Casa de Cultura de Puente San Miguel (Reocín).
Teatro de las Escuelas de Orejo (Marina de Cudeyo).
Palacio de Exposiciones y Congresos de Santander. *(Suspendido por la Pandemia)*

PERSONAJES:

TRASTOLILLO .... Darío González González

OJÁNCANO .... Rubén

ARQUETU .... Izan Hoyos Álvarez

RANKO EL OSO .... Pedro González González

ENANO BIGARÍSTA .... Guillermo González Peláez

MOZAS DEL AGUA .... Lara Martínez Villegas, Leire y Sandra

MUSGOSO .... Iñigo/Saúl

SIRENUCA .... Leire

VENTOLINES .... Lucas Castillo Alonso y Marcos Ceballos Ceballos

ANJANAS .... Alba Castillo Alonso, María de Diego Ríos y Paula
Fernández Hoyos

BRUJAS .... Celia González Peláez, Valeria Quevedo Fernández, Carolina
González Quijano y Claudia

BRUJA BLANCA.. Claudia

CABALLUCO DEL DIABLO .... Lucas

ÑUBEROS Y RAYOS............. Berta Ceballos Ceballos, Juan González
Quijano, Alba y Carla

DRUÍDA.. Antonio Manrique

Coordinación... Ana Sauce Cerro

(Música Inicio 2´17" minutos)

(El Druida Dovidero está detrás del escenario con el Ojáncano)

(Mientras suena la música salen desde atrás y llegan al escenario Trastolillo, Arquetu, Bruja Blanca, 2 Mozas del Agua (con una tarta), Sirenuca, Enano Bigarista y un oso. Se sientan. Sale Dovidero. Todos esperan a que termine la música)

(Cuando la música termina comienza a hablar:)

(Druida Dovidero): — ¡Habitantes de Cantabria, Soy Dovidero el druida! Tengo 808 años ¡bueno, más o menos!, ni yo mismo lo recuerdo. Vivo aquí cerca, en los bosques de la Reserva del Saja ¡peeeerooo! No intentéis buscarme, es peligroso. Solo algunos jabalíes, ciervos, osos y urogallos lo saben.

Os voy a contar lo que ocurrió en una ocasión que los habitantes de los bosques, toda esta banda, quisieron dar una sorpresa al Ojáncano, el día de su cumpleaños.

¿Qué cuántos años cumplía el Ojáncano? ¡Ufff, no lo sé, muuuuuchossss!

¡Prestad mucha atención!

(Cantan cumpleaños feliz al Ojáncano que entra desde detrás del escenario y coge la tarta que enseña a todos)

(Todos cantan alegres): — "¡Feliz, feliz en tu día, "amiguco" que dios te bendiga…. ¡Biennnnnnn!"

(Ojáncano): — ¡Graciassss, graciasss, graciasss…! *(lo repite varias veces)*

(Trastolillo): — Soy el Trastolillo, el que se divierte haciendo bromas y trastadas ¡Bienvenido Ojáncano, estamos muy contentos de que estés con nosotros! *(muy alegre)*

(Arquetu): — Yo soy el viejo Arquetu. Busco a quienes necesitan una segunda oportunidad… ¡Estamos seguros que todos juntos podemos ser más felices por estos bosques de Cantabria!

(Enano Bigarista): — Yo soy el Enanuco Bigarista, el que aviso a todos con mi bígaro y mira, mira cuánta gente ha venido. ¡¡ Todos necesitamos una segunda oportunidad !!… ¿Queréis felicitar al Ojáncano?!

(Se dirige al público solicitando que respondan ¡siiiii! y les incita a aplaudir al Ojáncano).

(Ranko el Oso): — ¿Ves, amigo Ojáncano? ¡Te lo dije! Ya sabía yo que ibas a ser muy bien recibido. Cuando yo era un pequeño osezno y me quedé solo, ellos me ayudaron a sobrevivir. *(señala al resto del grupo)*

(Ojáncano): — Gracias Ranko. Estoy sorprendido. Yo creí que no queríais saber nada de mí. Que solo queríais cortar mi pelo blanco para acabar conmigo. *(se coge su pelo blanco y se lo muestra a todos)*

(Bruja Blanca): — Soy la Bruja Blanca. Soy una bruja buena y estoy para ayudar a los humanos que lo necesitan… En los bosques de Cantabria todos queremos a todos.

(Moza del Agua 1): — Somos las Mozas del Agua. Te aseguro que a partir de ahora nada de eso lo vas necesitar.

(Moza del Agua 2): — Aprenderás que en nuestros bosques todos ayudamos a todos. Así es como sobrevivimos.

(Sirenuca): — Soy la Sirenuca. Desde el río Saja he visto que por aquí hay mucha gente buena ¡Mira a tu alrededor, todos te vamos a ayudar a ser feliz, ya lo verás!

(Ojáncano): — Pero yo arranco árboles con mis pelos, me como las cabras y alguna vez algún niño… ¡si está tierno! Hasta ahora siempre había celebrado mi cumpleaños solo, en la oscuridad de mi cueva. Creía que no me queríais. *(triste)*

(Ranko el Oso): — Los humanos creen que somos peligrosos. Pero no es verdad. Lo que pasa es que somos diferentes. No entienden nuestras diferencias porque ellos se parecen mucho… sobre todo en su aspecto. ¡Fijaos, son casi iguales! *(señala a todo el público)*

(Ojáncano): — ¿Y por eso nos temen y se inventan nuestras historias?

(Suena una flauta 30". Aparece el Musgoso. Desde atrás)

(Moza del Agua 1): — Es el Musgoso. Cuando toca su flauta es para avisarnos de que algo pasa.

(Moza del Agua 2): — ¡Hola Musgoso!

(Musgoso): — Siento llegar un poco tarde, pero me entretuve por el río Saja retirando unos troncos caídos… ¡NO TENGO BUENAS NOTICIAS! *(triste y preocupado)*

(Ranko el Oso): — ¿Qué ha ocurrido Musgoso? ¡Cuéntanos!

(Musgoso): — Lamento deciros que esta fiesta tiene que terminar. Se acerca una tormenta. Las brujas y sus amigos están enfadados y ya vienen hacia aquí con los Ñuberos y sus rayos.

(Sonido de tormenta 1´30")

(Llegan las Brujas acompañadas de los Ñuberos y los rayos que se ríen, amenazan, se acercan al público y lanzan agua pulverizada)

(Bruja Blanca): — ¡Corred protegeros bajo este toldo! ¡No está bien lo que estáis haciendo… estamos en una fiesta! **(gritando)**

(Ojáncano): — ¿Por qué hacéis esto a mis amigos?

(Bruja 1): — ¡¿Amigos?! ¿Ahora son tus amigos? ¡Nosotras las brujas somos tus amigas! Ellos te engañan. Solo quieren cortar tu pelo blanco. Para que mueras.

(Bruja 2): — Hasta ayer estabas con nosotras. ¿Cómo te han engañado, qué te han dado?

(Ojáncano): — ¡Nada! Estoy con ellos porque quiero conocer otras cosas. Me canso de ser malo y siempre dar miedo.

(Bruja 1): — Os castigaremos con grandes tormentas e inundaciones por no habernos invitado ¡CONTINUAD! *(grita dirigiéndose al Ñubero y al rayo. Las demás se ríen a carcajadas)*

(Vuelve el sonido de tormenta 1 '30")

(Vuelven a dar vueltas entre el público y continúan lanzando agua entre fuertes risas y amenazas)

(Bruja 2): — De camino hacia aquí hemos arrancado todos los tréboles de cuatro hojas que hemos encontrado. Así nunca más volveréis a tener suerte.

(Trastolillo): — ¡¿Invitado?! Siempre que os llamamos solo traéis maldad y envidia y eso no lo queremos en nuestros bosques.

(Bruja 3): — Hemos venido para quedarnos. No podréis disfrutar de una buena fiesta. No parará de llover hasta que el Ojáncano vuelva con nosotras.

(Ranko el Oso): — No tenéis derecho a hacer esto. Estamos divirtiéndonos con nuestro nuevo amigo. *(Ranko se enfrenta a las brujas)*

(Bruja 1): — ¡Cállate, oso! Antes era nuestro amigo y nos le habéis robado con engaños, dándole una fiestezuca.

(Bruja 2): — ¡Ojáncano, vuelve a ser lo malo que siempre has sido!

(Ojáncano): — Nadie me ha obligado a estar aquí. Quiero tener buenos amigos. ¡Ayudar y que me ayuden! *(hablando con las brujas)*

(Bruja 3): — ¡Ja, ja, ja… qué ingenuo! ¿Nos has visto alguna vez en una fiesta de cumpleaños? Además, nadie nos invita nunca.

(Sirenuca): — Todos sabemos que odiáis las fiestas y que solo sois felices cuando molestáis a los demás. Siempre que hacemos una fiesta venís a fastidiar nuestra alegría ¿Por qué no os unís a nosotros?

(Arquetu): — No os canséis. Nunca atienden a razones. Solo piensan en ellas.

(Bruja 1): — No vais a conseguir vuestro propósito. Si queréis seguir con esta fiesta comenzaremos a echar azufre para que no podáis respirar.

(Ojáncano): — Deberíais probar a portaros bien. A lo mejor os gusta.

(Sirenuca): — Brujas, creí que os habíais estrellado contra el poste de la luz de la entrada de Barriopalacio, ¡a ver si hay suerte con alguna chimenea cercana y…!

(Bruja 4): — ¡Mira que graciosuca ¡la sardina! *(con tono de desprecio)*

(Ranko el oso): — Seguramente que sois amigas de la vieja hechicera. Sois tan malas como ella. Por eso nunca os llaman para ninguna fiesta.

(Desde atrás surgen las Anjanas. Todos fijan su mirada en ellas. Todos se alegran de verlas menos el grupo de las brujas. Se hace un gran silencio. Las Anjanas suben al escenario)

(Musgoso): — ¡Hola Besaya, Deva y Saja, ya os echábamos de menos!

(Bruja Blanca): — ¡Qué ganas tenía de volver a veros queridas Anjanas! *(muy contenta)*

(Ranko el Oso): — ¡Hola Devaaaaa!

(Musgoso): — Anjanas, no me ha dado tiempo a decirles a todos que estabais en camino.

(Enano Bigarista): — Yo me imaginaba que vendríais… con quién no contábamos era con ellas *(señalando al grupo de las brujas)*

(Bruja 4): — ¡Vaya, vaya, las que faltaban!

(Las Anjanas Besaya, Pas, y Deva caminan lentamente hacia el centro para que todos puedan verlas y escucharlas. Llevan una vara y con ella señalan un lugar por donde aparecen dos duendecillos)

(Las 3 Anjanas): — ¡¡ VENTOLINES!! *(las tres al tiempo)*

(Ventolin 1): — ¡Estamos aquí Besaya! Estábamos ayudando a un viejo pescador.

(Ventolín 2): — Ya sabéis que solo tenéis que llamarnos y acudimos rápido donde nos necesitéis.

(Anjana 2): — ¿Qué estáis haciendo aquí brujas?

(Ranko el Oso): — Nadie las ha llamado. Han venido a fastidiar nuestra fiesta.

(Bruja 4): — ¡Que oso más pesado, cállate animal!

(Anjana 3): — ¡Ventolines, ya sabéis lo que tenéis que hacer! ¡brujas, subid en vuestras escobas y desapareced! *(señalando a las brujas y sus amigos)*

(Bruja 2): — ¡Volveremos, no lo dudes! *(levantando la mano amenazante)*

(Los Ventolines soplan a las brujas y estas se van atrás del escenario)

(Ventolín 2): — ¡Misión cumplida Besaya!

(Ventolín 1): — Mi hermana y yo vivimos en la costa sobre las nubes del horizonte, siempre estamos atentos para cuando nos necesites.

(Anjana 1): — ¡Gracias amiguco! … Nadie con su maldad debe estropear la felicidad de los demás.

(Anjana 3): — Sé que puedo contar con vosotros. Siempre habéis ayudado mucho a quién lo ha necesitado. ¿A qué si Ranko? **(Dirigiéndose a todos, público incluido)**

(Ojáncano): — ¡Gracias Anjanas! Es la primera vez que estoy en una fiesta.

(Anjana 2): — Ya ves que es mejor dejar de comer ovejas, niños o destruir árboles. Lo mejor es tener amigos.

(Musgoso): — Siempre estaré atento para protegeros de cualquier peligro.

(Ranko el Oso): — Siempre recuerdo cuando yo era un pequeño osezno triste, solitario y no sabía ni lo que podía comer.

(Trastolillo): — Yo siempre estaré cerca y te avisaré de todo lo que suceda. Todos juntos protegeremos nuestros bosques, nuestros ríos y nuestras montañas.

(Arquetu): — Continuaré caminando sin parar repartiendo mis monedas para ayudaros a ser mejores.

(Enanuco Bigarista): — Con mi bígaro os contaré "toooodoooo" lo que ocurra por nuestros bosques.

(Anjana 1): — Me encanta lo que oigo. Sabéis que en cada valle hay una Anjana que se llama como el río que lo recorre. Por eso nosotras nos llamamos Besaya, Saja y Deva.

(Trastolillo): — Y siempre dispuestas a hacer felices a los demás.

(Sirenuca): — ¡Trastolillo, aplícate el cuento! Que con tus bromas, a veces, causas más de un disgusto a los humanos. (***Trastolillo baja la cabeza y pone "morrucos" un poco avergonzado***)

(Moza del Agua 1): — ¿Ves Ojáncano? Es más divertido tener amigos. ¡Todo es mucho más fácil!

(Moza del Agua 2): — ¡Te sentirás mucho mejor! ¡Puedes contar con nosotras!

(Anjana 2): — ¡Qué bien! ¡La felicidad vuelve al bosque de Cantabria!

(Ojáncano): — ¡Estoy feliz, estoy contento! ¡Tengo familia!

(Anjana 1): — ¡Habitantes de Cantabria! (dirigiéndose al público) Sed felices, disfrutad de las cosas buenas que tiene la vida. Acordaos siempre de que cuando nos necesitéis ¡aquí estaremos!

(Anjana 3): — ¡Felicidades Ojáncano! Ahora que tienes amigos no te olvides de protegerlos y así ellos te protegerán a ti.

(Música Final)

PLENILUNIO MAGICO

Antonio Manrique

ASOCIACIÓN DE DESARROLLO RURAL "DOS VALLES"
Grupo de teatro infantil
"Un pueblo de Leyenda"
2022
Barriopalacio
(Anievas- Cantabria)

REPRESENTACIONES:

Fiesta de la Mitología de Cantabria de Barriopalacio de Anievas

PERSONAJES

ANJANA DEVA .... Alba Castillo Alonso
ANJANA BESAYA... María de Diego Ríos
ANJANA SAJA.. Paula Fernández Hoyos
ANJANA PAS .... Lara Martínez Villegas
ENANUCO BIGARÍSTA, ALIO .... Guillermo González Peláez
BRUJA BLANCA, LUZ.................................... Alba Martínez Villegas
MUSGOSO, UCO.. Izan Hoyos Álvarez
SIRENUCA, MAR .... Mónica Vallejo Pereira
MOZA DEL AGUA, Magdalena .... Irene Mantecón García
BRUJA, Cernégula .... Carolina González Quijano
BRUJA, Talania .... Leire
BRUJA, Quimia .... Valeria Quevedo Fernández
VENTOLIN, Sur .... Lucas Castillo Alonso
VENTOLIN, Nordeste .... Marcos Ceballos Ceballos
TRASTOLILLO, Trasto............................. Darío González González
TRASTOLILLO PEQUEÑO, Trastuco .... Juan González Quijano
OJÁNCANO, OJI .... Pedro González González
Coordinación: Ana Sauce Cerro

(Música 1 '30")

(Mientras suena la música entra la Anjana Deva, se sienta en un taburete /o paca. Abre un libro. Llegan Alio el Enanuco Bigarista y Luz la Bruja Blanca. Se sientan a su lado)

(Esperan a que termine la música. Poco después, Deva comienza a leer del libro "Cuentucus", página 134)

(Anjana 1 Deva): — "El Culebre es un dragón muy peligroso y misterioso con potentes mandíbulas, enormes colmillos y lengua bífida muy larga. Tiene una gran cresta espinosa que recorre toda su espalda desde la cabeza hasta la cola. Sus patas son cortas con enormes garras muy afiladas. También tiene alas que le permiten volar y mantenerse quieto en el aire mientras lanza fuego. Exige como tributo una muchacha para devorarla.

(Alio el Enanuco Bigarista): — Anjana Deva, ¿qué ocurre si los del pueblo no cumplen sus peticiones?

(Anjana 1 Deva): — Lanza su fuego y quema todas las cosechas. Los habitantes del pueblo pasarán un año de hambre.

(Bruja Blanca, Luz): — Entonces, el Culebre no es de los nuestros… Será amigo del Ojáncano y de las brujas.

(Anjana 1 Deva): — ¡Siiiiii!, mi querida Bruja Blanca. Todos nosotros nacemos de la necesidad que tienen los humanos de explicar las cosas que no tienen explicación.

(Bruja Blanca, Luz): — ¡Claro! En el bosque todos somos necesarios, aunque algunos se comporten de forma extraña.

(Anjana 1 Deva): — ¡Escuchad!... *(pone su dedo en sus labios y le pide silencio)*

(Sonido de Bígaro 15")

(Alio se pone en pie muy alegre. Entran las Anjanas Besaya, Pas y Saja. Se sientan junto a Deva. Alio se sienta en el suelo)

(Anjana 2 Besaya): — ¡Hola Deva… Alio, Luz! Hemos recibido quejas del alcalde de Anievas. Los vecinos de quejan de los habitantes de los bosques.

(Anjana 3 Saja): — Parece ser que el Ojáncano, el Trastolillo, las brujas y algunos más, están haciendo de las suyas.

(Anjana 4 Pas): — Llevaban mucho tiempo muy tranquilucos ¡Ya tocaba!

(Alio el Enanuco Bigarista): — ¡Otra vez, siempre estamos igual. ¡Parecemos humanos!

(Anjana 1 Deva): — A ver chicas, contadnos. ¿Qué ha dicho el alcalde?

(Anjana 2 Besaya): — Agustín no es de los que se quejan sin motivo. Le han llegado rumores de que entre los vecinos hay bastante malestar por las cosas que están ocurriendo en los bosques.

(Anjana 3 Saja): — ¿Rumores? ¡Certezas, diría yo! *(enfadada)*. Hace un mes el Ojáncano, la semana pasada las brujas, y esta misma mañana el Trastolillo ha entrado en algunas cabañas del valle de Anievas y ha tirado ¡otra vez!, tooooda la harina que tenían preparada.

(Anjana 2 Besaya): — Tenemos que convocar el Consejo del Bosque. Están en juego las buenas relaciones con los humanos, y eso nos afecta a todos.

(Bruja Blanca, Luz): — Algunos vecinos quieren salir a buscarlos y darlos un escarmiento.

(Anjana 4 Pas): — Tenemos que evitarlo. Convocaremos al Consejo para el próximo Plenilunio. ¡Alio, sube a la Espina del Gallego y manda el mensaje con tu bígaro… que no falte nadie!

(Alio el Enanuco Bigarista): — No me hace ninguna gracia volver a subirme encima del oso. Es un bestia. Se mueve mucho y salta sin parar. Me da miedo caerme.

(Anjana 2 Besaya): — Ya sabéis que aquí estamos en el centro de Cantabria y que desde allí el sonido de tu bígaro llega al mismo tiempo a todos los rincones de la región.

(Anjana 3 Saja): — Invitad también a Agustín. El alcalde debe de estar presente en la reunión del Consejo, para que vea que nos preocupamos.

(Suena el Bígaro 21". Todos abandonan el escenario)

(En silencio entra la Anjana 1 Deva. Destapa una gran luna llena que presidirá el escenario y se sienta… Entran Alio y Luz y se sientan junto a ella)

(Anjana 1 Deva): — Gracias Alio. Que sería del bosque sin tus avisos. Ya veo que no te fue tan mal a lomos del oso.

(Alio el Enanuco Bigarista): — Buuuueno, como siempre. Es un bruto. Pero aquí estoy, siempre feliz de estar contigo Anjana Deva.

(Llegan las Anjanas Saja, Besaya y Pas. Se colocan a cada lado de Deva)

(Anjana 2 Besaya): — Siempre espero el plenilunio con ansiedad porque sé que es el momento para disfrutar de vuestra compañía.

(Anjana 3 Saja): — Siempre estoy deseando que llegue esta noche para volver a veros.

(Anjana 4 Pas): — ¡Escuchad, creo que ya llega el Musgoso!

(Sonido de flauta 35")

(Desde el fondo entra el Musgoso, jovial, alegre, dicharachero. Va hasta el centro del escenario)

(Bruja Blanca, Luz): — Bienvenido Musgoso, vigilante en defensa de nuestra naturaleza.

(Musgoso, Uco): — Encantado de estar aquí. Siempre es muy agradable volver a saludaros a todos. Terminé harto de las tonterías que preocupan a los humanos. Desde entonces me ocupo de lo importante, avisar de las tormentas y vigilar para que se cuiden los bosques y los animales. **(*Se retira a un lateral*)**

(Alio el Enanuco Bigarista): — Pues estos días atrás, no habrás tenido mucho que hacer, con los humanos encerrados en sus casas

(Desde detrás, entra la Sirenuca. Saluda muy alegre al público. Va hasta el centro del escenario)

(Bruja Blanca, Luz): — Mar la Sirenuca, protegiendo a los pescadores, guiándolos para que lleguen bien a los puertos.

(Sirenuca, Mar): — Soy feliz ayudando, sobre todo a los marineros. Con mi canto les indico donde están las rocas para que puedan evitarlas entre la niebla. **(*Se retira a un (lateral)*)**

(Desde detrás entra la Moza del Agua, Magdalena. Va hasta el centro del escenario)

(Anjana 1 Deva): — ¡Moza del Agua, Magdalena! Como siempre dando alegría a nuestros arroyos.

(Moza del Agua, Magdalena): — Muy contenta de verte de nuevo y de ver que todos estáis bien, que esta enfermedad *(pandemia)* no os ha hecho daño *(Se retira a un lateral)*

(Suena la tormenta 1´20")

(Desde el fondo entran las brujas, chulas, presumidas, poderosas. Suben al escenario, se acercan al centro)

(Bruja 1 Cernégula): — ¡Lo habéis vuelto a hacer! ¡No nos habéis invitado! *(muy enfadada)* ¿Qué hacen todos estos aquí? *(señalando al público)* Y, por cierto, seguís sin quitar el poste de la luz de la entrada de Barriopalacio. Todos los años se estrella una de las nuestras.

(Sirenuca, Mar): — ¡Qué lástima, ¡cuánto lo siento! ¡Vaya Quimia, ya veo que tú no te estrellaste!

(Bruja 3 Quimia): — *(con desprecio)* ¡Ya nos ocuparemos de ti, en otro momento! *(la desplaza con el gesto de su mano)*

(Las brujas se retiran a un lateral, junto al Musgoso)

(Anjana 3 Saja): — ¡Queridísimas brujas! *(con evidente ironía)* Me alegro mucho de que mi amiga Cernégula os haya invitado, ¡Sed bienvenidas!

(Bruja 1 Cernégula): — ¡¿Amiiiigaaaaa?! No te canses Saja. Sabemos muy bien que eso no es verdad. Estamos aquí a pesar de que nadie nos ha llamado. Como verás, siempre nos enteramos de vuestras… ¡fiestezucas!

(Musgoso, Uco): — Conocemos vuestras intenciones. Hoy no tenemos precisamente una fiesta, pero da igual. Vosotras siempre estáis donde ¡nooooo! se os espera. ¡¿verdad, Talania?!

(Bruja 2 Talania): — ¿Cómo estás querido Musgoso? He venido volando sobre mi escoba desde mi lejano reino. Cernégula me invitó para asegurarnos de que no decidís nada que pueda favorecer a los humanos. Tienen que saber quién manda en los bosques.

(Musgoso, Uco): — Los bosques son de todos y entre todos debemos de cuidarlos. Si molestamos continuamente a los humanos, ellos nos darán problemas… ¡Son muy fáciles de provocar!

(Bruja 2 Talania): — Además, sabiendo que nuestras "amiguuuucas" las Anjanas *(ironía)*, están aquí, nosotras queremos defender a los que no se pasan todo el día haciendo el bien, como ellas.

(Sirenuca, Mar): — Nunca aprenderéis que es más fácil hacer el bien. Deberíais de intentarlo alguna vez. Estoy segura que repetiríais. ¿Y tú Quimia, vas a dejar de convertir en cerdos a los marineros?

(Bruja 3 Quimia): — ¡Ja,ja,ja, lo tienes claro pescadilla!... Que chica más pesada. ¡Al final te convertiré a ti en una ballena!

(Moza del Agua, Magdalena): — ¡Vaya Quimia, tan graciosa como siempre! No has vuelto a vernos desde que te sumergimos en una poza.

(Bruja 1 Cernégula): — Sabemos que habéis llamado a alguno de los nuestros porque los humanos se quejan de ellos. Queremos saber cuál es el problema y por qué no se nos ha avisado.

(Bruja 2 Talania): — Habéis invitado al alcalde. ¿Un humano en un plenilunio? ¡No lo esperéis!

(Bruja 1 Cernégula): — Agustín el alcalde, no va a venir. ¡Ja,-ja,ja!

(Musgoso, Uco): — ¿Qué le habéis hecho?

(Bruja 2 Talania): — Digamos que debe de estar muy ocupado, recogiendo todo el ganado que hemos soltado esta noche pasada.

(Anjana 2 Besaya): — Os enteráis de las cosas porque siempre andáis poniendo vuestras orejas donde no debéis y porque los enanos malignos os lo cuentan.

(Anjana 3 Saja): — *(Hablando sola, pensando en alto)* ¡Vaya, creo voy a tener que hablar con alguno de esos enanucos! Aunque me temo que no servirá de mucho.

(Bruja 1 Cernégula): — ¿Se puede saber de quién fue la idea de traer al alcalde y a todos estos *(señalando al público)* a nuestro plenilunio? ¿A él lo invitáis y a nosotras no? ¡Claro, os olvidasteis de nosotras, ¿a qué sí?!

(Bruja Blanca, Luz): — Me dijo Agustín que tenían problemas con el Trastolillo y el Ojáncano.

(Bruja 1 Cernégula): — ¡¿De qué se queja?! Ellos estropean los bosques, cortan árboles, cazan animales, tiran basura… ¡Ellos son los malos! Agustín el alcalde, no es de los nuestros y por eso no lo hemos dejado venir.

(Musgoso, Uco): — ¡Mira Cernégula! Agustín estaba invitado por nuestras Anjanas. En una ocasión trajisteis a los Caballucos del Diablo y nadie os dijo nada.

(Sirenuca, Mar): — Y eso que querían arrancarme las escamas de mi cola porque decían que olían a pescado, ¡pues anda que su aliento a azufre!

(Alio el Enanuco Bigarista): — Los Ventolines Nordeste y Sur, han ido en busca del Trastolillo. Estarán a punto de llegar.

(Moza del Agua, Magdalena): — ¡Vienen los Ventolines! Tenía yo ganas de agradecerles el buen tiempo que nos traen.

(Desde el fondo de la sala, llegan los Ventolines Sur y Nordeste. Traen con ellos a Trasto el Trastolillo y a Trastuco que los sigue… Nordeste lo va empujando y Sur lleva de su mano al pequeño)

(Ventolin 2 Nordeste): — Tira, vamos, sigue, continua… **(le va ordenando)**

(Ventolin 1 Sur): — Vamos, tú también, por listuco.

(Trasto el Trastolillo): — ¡No quiero, yo no he hecho nada! Dejadme en paz. ¡Quiero irme a mi casa!

(Trastuco el Trastolillo pequeño): — ¡Dejadnos en paz, estábamos muy tranquilos!

(Anjana 4 Pas): — Gracias Ventolines. Habéis hecho un buen trabajo.

(Ventolin 1 Sur): — Nos ha costado mucho encontrarlos.

(Ventolin 2 Nordeste): — No querían venir. Estaban escondidos en un pajar.

(Trasto el Trastolillo): — ¡No estábamos escondidos! Dormíamos tranquilos. Nos gusta descansar tumbados entre la paja. Se está muy calentito. Las vacas nos hacen compañía y nos avisan cuando alguien se acerca.

(Trastuco el Trastolillo pequeño): — Yo estaba soñando con la próxima trastada.

(Ventolin 1 Sur): — Lo encontré porque estornudó y tosió, je,je,je… Hasta yo sé que las vacas no estornudan como él.

(Ventolin 2 Nordeste): — Lo que no saben estos dos es que las vacas, como todos los animales de Cantabria, son amigucos nuestros.

(Bruja 2 Talania): — ¿Y cómo estornuda una vaca?... ¡A ver! Que aquí en Cantabria, como sois tan especiales.

(Ventolin 1 Sur): — Puuuueeessss… ¡Mira bruja, así!: *(Mueve su cabeza rápido de un lado a otro y emite un sonido parecido a un "¡ufffff, Ufff!")*

(Bruja 2 Talania): — ¡Ja,ja,ja…! ¿Realmente estás seguro de no ser una vaca? Lo haces muy bien.

(Ventolin 2 Nordeste): — ¿Tú has visto alguna vez una vaca volando?. Estas brujas se creen muy listas. Pero aquí sabemos que ir de listos por la vida no es nada bueno. Nosotros preferimos ser más sencillos.

(Bruja 1 Cernégula): — En Cantabria, he visto cosas mucho más raras *(gesticula con la mano sacudiéndola)*

(Trasto el Trastolillo): — No sé qué hacemos aquí. No hemos hecho nada diferente a lo que se supone que tenemos que hacer.

(Bruja 2 Talania): — Puedes estar tranquilo querido Trastolillo. Aquí estamos nosotras para defenderte. No permitiremos que nada malo os ocurra.

(Trasto el Trastolillo): — Soy el Trastolillo, ¿Qué queréis? Hago trastadas, bromas, me rio, soy feliz así. Alio es un enano ¿no? Pues yo, soy un trasto.

(Trastuco el Trastolillo pequeño): — ¡Estábamos divirtiéndonos mucho!

(Anjana 4 Pas): — Sin embargo, cada vez tenemos más quejas contra ti. Sabes que, si un día un humano te atrapa, lo vas a pasar mal.

(Musgoso, Uco): — Si no has hecho nada malo, ¿por qué no querías venir? No les gustan tus bromas. ¡Como te pillen te vas a enterar!

(Trasto el Trastolillo): — ¡Pierde cuidado! Soy mucho más rápido y muchísimo más ágil que ellos. Sé que a más de uno le gustaría retorcerme el pescuezo *(con sus dos manos se coge el cuello y saca la lengua como si se ahogase)* ¡nunca podrán cogerme!

(Musgoso, Uco): — Pues tu verás, pero yo sí me preocuparía. A más de uno le gustaría retorcerte, y no solo el pescuezo.

(Bruja 1 Cernégula): — No te apures Trastolillo. Son unos "tikismikis". Nosotras estamos para protegerte. Tu sigue haciendo lo que sabes y al que no le guste… ¡que se cambie de pueblo!

(Bruja 2 Talania): — Nosotras ¡jamás! dejaremos de fastidiar, de molestar, de asustar, ni de engañar… ¡Somos brujas! *(gritando)*

(Trasto el Trastolillo): — Lo último que quiero es crear problemas entre nosotros. Con los humanos me da igual, pero vosotros sois de los míos… sois del bosque.

(Anjana 1 Deva): — Pues no debería de darte igual. Por tus trastadas, los humanos no se fían de nosotros. Y eso no es bueno para nadie.

(Trasto el Trastolillo): — Pero yo no sé comportarme de otra forma. Ellos no entienden que las cosas no siempre salen como uno quiere. Crearon un duende para justificar lo que les fastidiaba y así nací yo, producto de su imaginación.

(Trastuco el Trastolillo pequeño): — ¡Y claro, ahora no les gustamos!

(Anjana 3 Saja): — Pero tenéis que intentarlo. Vosotros no sois tan malos como ellas quieren que seáis **(dirigiéndose a las brujas)**

(Sirenuca, Mar): — Así hemos nacido todos. Somos fruto de sus inseguridades. Nos creó su imaginación.

(Bruja 2 Talania): — ¡Tan lista como siempre! Tú serás una fantasía, pero nosotras somos muy reales. Pregunta, pregunta a cualquiera de estos humanos **(señalando al público con sus manos y su mirada)**

(Trasto el Trastolillo): — **(comienza a hablar con tristeza y timidez)** No soy malo, solo soy travieso y burlón. Lamento ser causa de problemas. Prometo comportarme mejor y no hacer trastadas que hagan enfadar. **(Trastuco lo abraza y acaricia)**

(Musgoso, Uco): — Solo queremos que dejes tranquilas las cabañas de los vecinos de Iguña y Anievas.

(Bruja 1 Cernégula): — ¡Trasto, sigue haciendo lo que sabes hacer! Si no les gusta que hablen conmigo. Ellos te crearon, pues ahora que se aguanten. Y espero que no vuelvan a pedirte cosas imposibles porque entonces seré yo la que te ayude a fastidiar.

(Anjana 3 Saja): — Puedes regresar al bosque Trastolillo. Esperamos no tener noticias tuyas en mucho tiempo.

(Trasto el Trastolillo): — (mientras abandona el escenario, se vuelve al público y tapándose la boca a medias, se dirige al público) Trastuco, creo que los he convencido, ji,ji,ji… (salen del escenario riéndose).**

(Los Ventolines atraviesan la sala hasta el fondo)

(Bruja 3 Quimia): — Estoy pensando en avisar a los Ñuberos y que vengan a fastidiar un poco.

(Anjana 2 Besaya): — Deberíamos vigilar que se cumplan las normas de comportamiento en el bosque. Hace ya muchos años que no las hemos revisado.

(Bruja 1 Cernégula): — ¡Mira que lista! ¿Y quién va a cambiar la ley del bosque? Nosotras estamos muy bien así y no queremos que nada cambie.

(Sirenuca, Mar): — El invierno es muy largo y aquí el único que lo pasa bien es Ranko el oso, que se va a dormir y no despierta hasta la primavera. A lo mejor podemos variar alguna cosa.

(Bruja 3 Quimia): — ¡Ya está otra vez el pececito! ¿pero tú, qué tienes que decir si estás todo el día en el agua? ¡Ten cuidado! ¡No te seques!

(Sirenuca, Mar): — Te aseguro que el agua no es nada mala, no hace daño ¡Pruébalo, verás que bien te sientes! *(remueve el aire con su mano, delante de su nariz)* ¿Tienes jabón, estropajo de aluminio y estropajo de púas?

(Moza del Agua, Magdalena): — ¡Ja,ja,ja!... No la asustes Sirenuca que ya sabes que el agua es lo que más teme.

(Bruja 2 Talania): — A mí me da igual. Seguiré haciendo mis pócimas y brebajes. Me encanta ver vacas verdes, cerdos con alas… pero lo que más me gusta es ver ¡humanos sin pelo!... ¡Ja,ja,ja! Algunos lo pasan fatal. ¡Mirad, por aquí hay alguno!

(Alio ruta algo que no se entiende señalando a la bruja con desprecio. Dirigiéndose solo al público tapando la salida de su voz con su mano)

(Bruja 3 Quimia): — ¡¿Qué rutas enano?! estate calladuco que estás más guapo.

(Bruja 1 Cernégula): — Otro que pasa el invierno durmiendo dentro de un roble. Cállate enano. Las leyes del bosque son tan antiguas como el propio bosque. No permitiremos que vosotros, ni tampoco los humanos, cambien nada de nada. Solo el propio bosque puede hacerlo.

(Anjana 4 Pas): — ¡Basta ya! No estamos aquí para solucionar vuestras diferencias.

(Desde el fondo de la sala aparecen corriendo los Ventolines. Están asustados.

(Ventolin 1 Sur): — *(gritando)* ¡Anjanas… auxilio, socorro!

(Ventolin 2 Nordeste): — ¡Estamos vivos de milagro! ¡Hemos escapado por los pelos! No he pasado más miedo en mi vida. *(suben al escenario)*

(Anjana 3 Saja): — ¡¿Qué ocurre?, cuéntanos! ¿Habéis encontrado al Ojáncano?

(Ventolin 1 Sur): — Si, sí. Claro que lo hemos encontrado y no está de muy buen humor. Me atrapó y si no llega a pasar por allí un ratón que lo asustó, me come… ¡Ahí está! *(señala al fondo, temblando)*

(Ventolin 2 Nordeste): — Pensé que Sur no lo contaba. Lo cogió entre sus garras y ya se lo llevaba a la boca. Vi al ratón y lo espanté para asustar a Oji. Nos ha venido siguiendo. ¡Ahí está! *(Señala al fondo, temblando)*

(Desde el fondo, entra poco a poco, muy estirado, engreído, chulo, dominante… Oji el Ojáncano. Amenaza al público. Va hasta el centro del escenario y se planta allí. Mira al público desafiante.

(Oji el Ojáncano): — ¡Carne, carne, carne fresca! Bueno alguna no tan fresca *(se retira a un lateral)*

(Anjana 1 Deva): — Bienvenido Oji. Es una sorpresa verte en plenilunio.

(Oji el Ojáncano): — No te canses Deva. Se bien que no soy bien recibido, pero ya estoy acostumbrado. Solo he venido porque tú me has llamado. Lo del Ventolín era una broma. Me resultó simpático cuando me dijo que era mi obligación venir… ja,ja,ja *(suelta una sonora y desagradable carcajada)* Me han dicho que estáis aquí para juzgarme *(se enfada y grita)* ¡Grrrrrr, ¿Quién os creéis que sois?!

(Ventolin 1 Sur): — Si, si, una broma. Pues a mí no me lo pareció.

(Ventolin 2 Nordeste): — ¡Venga ya, todos sabemos que tú no bromeas nunca!

(Sirenuca, Mar): — *(se dirige al público, ocultando sus labios al Ojáncano)* Sigue igual de desagradable que siempre. Menos mal que también tiene miedo al agua. No sabe que el agua no mata.

(Oji el Ojáncano): — ¡Oye tú, especie de trucha! Lo que tengas que decir, dilo en alto. El agua te protege, pero algún día te sorprenderé fuera y entonces no hablarás tanto.

(Bruja 3 Quimia): — Fíjate si son ingenuos, Oji. Te acusan de ser malo, de robar ganado, de arrancar árboles, de bloquear ríos… incluso de comerte a los niños.

(Oji el Ojáncano): — ¡Ummm… que ricos! Me gustan cuando son jovenzucos *(relamiéndose)* Un día de estos os invito, veréis que tiernos están.

(Moza del Agua, Magdalena): — Eso es cierto, en muchas ocasiones baja muy poquita agua. A veces creemos que es porque hay sequía, pero no, es por tu culpa y las piedras que colocas.

(Oji el Ojáncano): — ¿Qué cosa es ésta? *(con enorme desprecio)* ¿Quiénes sois para dirigiros a mí?

(Anjana 4 Pas): — Tenemos quejas de Agustín, el alcalde de Anievas y le debes respeto.

(Oji el Ojáncano): — ¡Bahhh! Ni sé lo que es un alcalde, ni me importa. *(continua el desprecio).* Además, soy el Ojáncano, ¿qué queréis?, ¿qué organice fiestas para que todos seáis felices?

(Musgoso, Uco): — Un alcalde es alguien muy importante. Es a quién eligen los humanos para que los represente. Lo eligen cada cuatro años. ¡Me lo enseñó el enano que es un listuco sabelotodo!

(Oji el Ojáncano): — ¡Anda, mira que bien! Pues eso podíamos hacerlo aquí… ¿a qué sí Anjanas? ¿Qué opináis?... Ja,ja,ja.

(Bruja 1 Cernégula): — Ahora quieren que seamos todos buenos y que nos portemos bien para que los humanos no se quejen. Resulta que después de tantos años, ahora se dan cuenta de que existimos.

(Alio el Enanuco Bigarista): — El año pasado estabas bien contento y feliz con la fiesta de cumpleaños que te preparamos entre todos.

(Oji el Ojáncano): — ¡Vaya, faltaba el musicuco!... Mira especie de duende, solo te lo voy a decir una vez: eso estuvo bien, es verdad, pero ya pasó *(amenazante)* La próxima vez que pierda una pieza de caza por uno de tus avisos, te aseguro que será la última vez que uses esa caracola.

(Bruja 2 Talania): — Vaya par de chivatos, el enano y el musgoso. Pues yo seguiré comiéndome los tréboles de cuatro hojas para que nunca tengáis suerte.

(Oji el Ojáncano): — No voy a cambiar mi forma de vivir. Soy la bestia del bosque, fuerte, poderoso... me gusta ser así. Todos me temen y eso me hace más fuerte.

(Anjana 3 Saja): — Fíjate en mí. También yo fui bruja, pero entendí que es más fácil hacer las cosas bien, tener amigos y ser feliz. Además, tú también tienes un punto débil y algún día lo pagarás. *(señala su pelo blanco) (el Ojáncano coge su pelo blanco, quiere protegerlo)*

(Sirenuca, Mar): — No intentes ocultarlo. Todos sabemos que sin tu pelo blanco morirías. Están deseando capturarte para cortarlo y que así mueras.

(Bruja 3 Quimia): — ¡Jamás lo conseguirán! Siempre estaremos muy atentas para ayudarte. Tienen que entender quién manda en el bosque. ¿Estás con nosotros Ojáncano?

(Oji el Ojáncano): — Claro. Yo no puedo ser bueno, no puedo portarme bien. Entonces no sería quien soy. Y yo estoy orgulloso de ser así.

(Anjana 2 Besaya): — Fíjate en nosotras. También estamos orgullosas de ser como somos, pero no hacemos daño a nadie. Todo lo contrario.

(Anjana 1 Deva): — ¡Bastaaaaa! *(grita la Anjana enfadada)* Me aburrís con vuestras tonterías... Ojáncano, vuelve al bosque y por el bien de todos intenta no molestar a los humanos.

(Oji el Ojáncano): — ¡No prometo nada! *(se da la vuelta y sale del escenario)*

(Las brujas aplauden, se abrazan. Están contentas, se ríen.

(Bruja 1 Cernégula): — Muy bien, podemos irnos. No habéis conseguido lo que queríais Anjanas… ¡Talania, Quimia, gracias por haber venido.

(Bruja 2 Talania): — Me ha gustado la visita a Cantabria. Sois gente muy curiosa.

(Bruja 3 Quimia): — Pues ala, hasta el próximo plenilunio- ¡Vámonos!

(Suena la tormenta 40") (Las brujas bajan del escenario. Los Ventolines bajan tras ellas soplándolas. Recorren la sala hasta el fondo)

(Sirenuca, Mar): — Me encontraréis en los acantilados de Castro Urdiales, ayudando a que los marineros lleguen bien hasta la costa. ¡Cuidaros mucho! *(saluda y abandona el escenario)*

(Musgoso, Uco): — Seguiré cuidando de todos avisando con mi flauta de las tormentas que lleguen para que os protejáis. *(saluda y abandona el escenario)*

(Moza del Agua, Magdalena): — ¡Cuidad los arroyos! Vivimos allí y vosotros los necesitáis. *(saluda y abandona el escenario)*

(Alio el Enanuco Bigarista): — Estoy en cualquier lugar del bosque. Dentro de un roble, debajo de un helecho o columpiándome en una rama. Con mi bígaro os avisaré de las cosas que pasan. Solo tenéis que escuchar. *(saluda y abandona el escenario)*

(Bruja Blanca, Luz): — Continuar haciendo las cosas bien. No deis pasos atrás. *(saluda y abandona el escenario)*

(Se quedan solas las cuatro Anjanas)

(Anjana 1 Deva): — *(poniéndose en pie, dirigiéndose al público)* Nosotras entendemos que nuestra existencia es vuestra necesidad. Debemos de estar siempre muy atentas para ayudar a todos, a que os comprendáis y os respetéis.

(Anjana 2 Besaya): — *(poniéndose en pie, dirigiéndose al público)* Desde hace muchos años hemos ido creciendo según vuestros miedos y creencias. Necesitáis explicar lo inexplicable. Necesitamos vuestro apoyo para cuidar de nuestros bosques.

(Anjana 3 Saja): — *(poniéndose en pie, dirigiéndose al público)* ¡Existimos hace miles de años! ¡Seguiremos existiendo siempre! ¡HABLARLES A VUESTROS PEQUEÑOS DE QUE LA FANTASÍA A MENUDO SE CONVIERTE EN UNA MARAVILLOSA REALIDAD!

(Anjana 4 Pas): — *(poniéndose en pie, dirigiéndose al público)* Cuidaros mucho, aplicad el sentido común. El año que viene pasaremos lista.

(Las Anjanas abandonan el escenario) (Suena la risa de una bruja 15". Entra Cernégula)

(Bruja 1 Cernégula): — ¡Ingenuos! Creen que con sus consejucos y ayudas se van a terminar los problemas en el bosque ¡Para eso estamos nosotras! *(gritando)* ¡No permitiremos que las Anjanas os ayuden! Estaremos atentas para extender nuestro poder.

(Entra la Anjana Deva. La bruja se agacha y esconde su cara)

(Anjana 1 Deva): — Te he oído bruja. Dedicaré toda mi existencia a evitar que hagáis todo el mal que queréis. El bien triunfará sobre vuestro mal y la fantasía seguirá conviviendo con la realidad *(extendiendo sus brazos)*

(Suena la música final. Todos salen a saludar)

EL BOSQUE SECUESTRADO

Antonio y Yaiza Manrique

ASOCIACIÓN DE DESARROLLO RURAL "DOS VALLES"
Grupo de teatro infantil
"Un pueblo de Leyenda"
2023
Barriopalacio
(Anievas- Cantabria)

REPRESENTACIONES:

Fiesta de la Mitología de Cantabria de Barriopalacio de Anievas

PERSONAJES

RANKO, EL OSO .... Izan Hoyos Álvarez
DEVA, ANJANA .... Alba Castillo Alonso
BESAYA, ANJANA... María de Diego Ríos
CASARES, ANJANA .... Lara Martínez Villegas
SAJA, ANJANA... Paula Fernández Hoyos
OJI, OJÁNCANO .... Pedro González González
PELOS, HIJO DEL OJÁNCANO .... Lucas Castillo Alonso
ALIO, ENANUCO BIGARÍSTA .... Guillermo González Peláez
MAR, SIRENUCA .... Alba Martínez Villegas
CERNÉGULA, BRUJA .... Carolina González Quijano
TALANIA, BRUJA...Leire
QUIMIA, BRUJA .... Valeria Quevedo Fernández
TRASTO, TRASTOLILLO .... Darío González González
TRASTUCO, TRASTOLILLO PEQUEÑO .. Juan González Quijano
MAGDALENA, MOZA DEL AGUA............. Irene Mantecón García
CANTIA, MOZA DEL AGUA .... Nuria Mantecón García
LUZ, BRUJA BLANCA.................................... Mónica Vallejo Pereira
ROJO, CABALLUCO DEL DIABLO .... Marcos Ceballos Ceballos
NEGRO, CABALLUCO DEL DIABLO .... Lucía Hoz Ruiz
Coordinación… Ana Sauce Cerro

(Música 1,30")

(El Oso Ranko pasea despacio a cuatro patas, de un lado a otro del escenario… gruñendo. De vez en cuando se para, se pone de rodillas y señala al público con sus pezuñas. No para de gruñir. Cuando la música se para, se pone en pie y habla:)

(Ranko, el oso): — ¡Vaya, vaya! ¡Veo que habéis cumplido vuestra palabra y volvéis a estar aquí! Soy Ranko el oso que vigila estos bosques y quiero contaros algo que sucedió en el bosque, durante este invierno.

Ranko se retira y aparece Pelos (el hijo del Ojáncano). Se sienta con la cabeza agachada, sostiene entre sus manos el pelo blanco. Está muy triste, llora. Al poco rato aparece la Anjana Deva, paseando con Alio el enanuco. Cuando lo ve, se para. Se acerca despacio.

(Anjana, Deva): — ¡Pelos! ¿Qué haces aquí solo, sabe tu padre el Ojáncano que estás aquí?

(Hijo del Ojáncano, Pelos): — Nadie quiere estar conmigo *(muy triste)* He ido a jugar con los Trastolillos, pero me echaron. Tienen miedo a mi padre.

(Enanuco Bigarista, Alio): — ¡Como para no tenerle miedo! Es capaz de comerse a cualquiera de un bocado, sobre todo si es alguien de mi tamaño.

(Anjana, Deva): — Creen que te portarás como lo hace tu padre. Tienen miedo. Oji es muy violento. Siempre está amenazando. Y saben que nunca está lejos de donde tú estés.

(Hijo del Ojáncano, Pelos): — Pero yo no quiero ser malo, solo quiero amigos.

(Desde el fondo del bosque aparecen corriendo las tres brujas que acceden al escenario por la derecha, centro e izquierda, rodeando a la Anjana. Deva se asombra. Alio ha salido huyendo y se esconde detrás de un árbol desde donde observa la escena. Pelos y las brujas comienzan a reírse)

(Hijo del Ojáncano, Pelos): — ¡Has picado Deva… Alio ha salido corriendo!

(Anjana, Deva): — ¡Me has engañado, yo creí que necesitabas mi ayuda!

(Bruja, Cernégula): — *(con los brazos en jarras, mira a Deva sonriendo)* No te preocupes por el enanuco, así correrá la voz por todo el bosque… Pensé que sería más difícil engañarte, Deva. ¡Con lo listuca que te crees! Vamos a ver ahora como vienen a ayudarte tus amigucos del bosque. ¡Quimia, quítala su vara de fresno, así sus poderes quedarán anulados y no podrá avisar a sus amigas hasta que nosotras lo decidamos!

*Quimia se acerca a Deva. La Anjana intenta proteger su bácu-
lo, pero Quimia se lo arrebata de las manos.*

(Bruja, Talania): — La que nunca nos ha hecho nada malo, la
que nunca cuenta con nosotras para los Consejos del Bosque, la que siempre nos desprecia.

(Deva las mira sin entender nada)

(Bruja, Quimia): — Jamás has apoyado nuestras decisiones.
Siempre has puesto a todo el bosque en nuestra contra.

(Bruja, Talania): — Nosotras llamamos a los Ñuberos para que
traigan las tormentas, ayudamos al Ojáncano y al Roblón a
destruir los bosques, preparamos fiestas con los Caballucos
del Diablo,…

(Bruja, Cernégula): — Siempre te has creído mejor que nosotras. Eso se ha terminado. Teniéndote retenida, las demás
Anjanas no tienen todos sus poderes y así, nosotras podemos
cambiar las leyes del bosque a nuestro gusto. Se acabaron
vuestras "fiestezucas".

(Bruja, Talania): — Ha llegado nuestro momento. Todos "los
tuyos", sabrán quien manda aquí a partir de ahora. Las cosas
van a cambiar mucho. El bosque es nuestro y quien quiera
vivir aquí, se someterá a nuestras normas.

(Anjana, Deva): — No os vais a salir con la vuestra. El mal
nunca ganará al bien. En cuanto se enteren de vuestras intenciones vendrán a rescatarme y todo volverá a ser como
antes.

(Bruja, Talania): — ¡Eso ya lo veremos! Estoy deseando ver
las caras de algunos, como el Enanuco Bigarista, la Bruja
Blanca o la Sirenuca… ¡Vámonos!, vamos Pelos, ¡Ven con
nosotras!

(Hijo del Ojáncano, Pelos): — ¡Llevadla a mi cueva! ¡Mi padre estará encantado!... Ja,ja,ja

(Bruja, Cernégula): — Tengo otros planes. Serán los Caballucos del Diablo los que te vigilen hasta que decidamos que hacer contigo.

(Talania y Quimia cogen de un brazo cada una a Deva y salen todos del escenario. Deva no se resiste. Cernégula coge el báculo de Deva. Los sigue, pero antes de salir separa, se vuelve al público, levanta sus brazos mostrando el báculo. Se siente victoriosa. Grita:)

(Bruja, Cernégula): — ¡El bosque está en nuestras manos, ahora yo tengo todo el poder! *(deja el báculo detrás del árbol)*

(Ranko el oso vuelve al centro del escenario y se dirige al público:)

(Ranko, el oso): — Alio el enanuco, había estado observando todo lo que ocurría y no tardó en llamarme para pedir ayuda. Le dije que debíamos avisar al Consejo del Bosque cuanto antes.

(Ranko sale del escenario. Suena una música 20". Mientras llegan desde el fondo del bosque las Anjanas Saja, Besaya y Casares. Poco después se incorporan Ranko y Alio)

(Anjana, Besaya): — Estamos muy preocupadas. ¿Qué ha ocurrido?

(Anjana, Casares): — Supongo que algo grave será. Solo Deva puede convocar al Consejo del Bosque.

(Anjana, Saja): — A ver que dice ella cuando llegue.

(Enanuco Bigarista, Alio): — ¡Deva no va a venir!

(Anjana, Saja): — ¿Cómo qué no?, entonces no se puede celebrar este Consejo. Cualquier decisión no tendría ningún valor.

(Anjana, Casares): — ¡Uy que raro! "Aquí está pasando algo" *(medio cantando y sacudiendo su mano)*

(Anjana, Saja): — ¡Explicaros de una vez! Alio, Ranko, dejaros de "secretucos"! ¿Dónde está Deva?

(Ranko, el oso): — Un poco de paciencia, esperad a que lleguen los demás.

(Entran los Trastolillos, medio empujándose, trasteando y riéndose)

(Anjana, Besaya): — Bienvenidos Trastolillos. Os veo muy contentos y cuando estáis tan alegres es porque ya habréis organizado alguna trastada, ¿me equivoco?

(Trastolillo pequeño, Trastuco): — Bueeeenooooooo, depende como lo veas *(riéndose, mirando al público)*

(Trastolillo, Trasto): — Pues no, no te equivocas porque todo lo que nos divierte, a los demás nunca os parece divertido y a los humanos los que menos.

(Anjana, Casares): — A ver, a ver, ¿Qué habéis hecho está vez? No me fío ni un pelo de vosotros.

(Trastolillo, Trasto): — Ha sido muy divertido. Vimos una cuadra con la puerta abierta. Nos hicimos invisibles. Nos pusimos delante del morro de una vaca que estaba casi dormida y dimos un enorme grito… *(comienza a reírse muy divertido)*

(Trastolillo pequeño, Trastuco): — *(también se ríe)* No os imagináis como temblaba la vaca! *(sacudiendo su mano)*

(Trastolillo, Trasto): — No creo que vuelva a dar leche. Por lo menos en seis meses.

(los dos rompen a reír muy divertidos. Los demás se mantienen muy serios)

(Trastolillo pequeño, Trastuco): — ¿Qué pasa, no os hace gracia?

(Anjana, Saja): — Pues no, ni un poco. Seguramente una familia vive de esa leche y ahora a ver que hacen. Pero bueno, me parece que hoy no estamos para hablar de vuestro comportamiento.

(Anjana, Casares): — A mí, nunca me hacen gracia vuestras trastadas. Siempre nos dan problemas con los humanos.

(Entran las Mozas del Agua, Magdalena y Cantia)

(Enanuco Bigarista, Alio): — ¡Aquí están Magdalena y Cantia, las Mozas del Agua!

(Moza del Agua, Magdalena): — Ya sabéis que para nosotras es un placer acudir donde se nos llama.

(Enanuco Bigarista, Alio): — Es una tranquilidad para todos saber que aprendéis de las Anjanas para cuando ellas no estén.

(Anjana, Besaya): — Sois muy buenas alumnas. Con vosotras la protección del bosque y de los humanos están garantizadas.

(Moza del Agua, Magdalena): — Si, así siempre estaréis protegidos.

(Ranko, el oso): — Tengo ganas de que me enseñéis uno de esos palacios que construís en el fondo de los remansos de los ríos.

(Moza del Agua, Magdalena): — No sé. No me imagino a un oso buceando el tiempo suficiente.

(Entra Mar, la Sirenuca)

(Anjana, Casares): — ¡Hola Mar, supongo que habrás venido nadando, como siempre!

(Sirenuca, Mar): — Pues sí. Además, ya tenía ganas de venir. La última vez que estuve aquí fue hace un año. Tenía ganas de volver a veros.

(Anjana, Besaya): — Con los temporales que hemos tenido este invierno, habrás tenido mucho trabajo ayudando a los marineros a volver a puerto, ¿no?

(Sirenuca, Mar): — La verdad es que sí, bastante.

(Trastolillo, Trasto): — ¿Has traído mis percebes?

(Sirenuca, Mar): — No. Me temo que vas a tener que esperar hasta mi próxima visita.

(Anjana, Saja): — Bueno, bueno. No creo que este sea un buen momento para solucionar vuestros negocios.

(Entra Luz, la Bruja Blanca)

(Bruja Blanca, Luz): — ¡Hola queridos amigos! Vengo bastante preocupada. Me he cruzado con los Caballucos del Diablo. Estaban hablando de vigilar a alguien y cuando me han visto se han callado.

(Anjana, Casares): — Te conocen. Saben que fuiste una bruja.

(Bruja Blanca, Luz): — Abandoné el mal porque entendí que ese no es el camino para conseguir la felicidad.

(Anjana, Besaya): — Bueno Alio, ya estamos todos, tú nos has llamado. Dinos que ocurre y, sobre todo, ¿Dónde está nuestra querida Anjana Deva?

(Se hace un gran silencio. Ranko avanza hasta el centro del escenario, gruñe y grita:)

(Ranko, el oso): — ¡Deva ha sido secuestrada!

(Todos se asustan y se inquietan)

(Bruja Blanca, Luz): — ¿Estás seguro de lo que estás diciendo? Eso es muy grave.

(Enanuco Bigarista. Alio): — Estábamos paseando por el bosque. Nos encontramos a Pelos, el hijo del Ojáncano. Estaba muy triste y nos acercamos.

(Trastolillo, Trasto): — Me imaginaba que ese pequeñajo tenía algo que ver.

(Trastolillo pequeño, Trastuco): — Nunca jugamos con él porque es un liante.

(Moza del Agua, Magdalena): — Callad y dejar a Alio que hable ¿qué ocurrió?

(Sirenuca, Mar): — Tenemos que ir a rescatarla. El bosque la necesita.

(Bruja Blanca, Luz): — Pero debemos de tener cuidado. Seguramente que no solo los Caballucos del Diablo estarán con ella. Me imagino que el Ojáncano no estará muy lejos.

(Ranko, el oso): — En ausencia de Deva, nos ponemos en vuestras manos, Anjanas. ¿Qué hacemos?

(Anjana, Besaya): — Tenemos que saber que pretenden, aunque me lo puedo imaginar… Seguro que quieren ser ellas las que controlen el bosque y cambiar nuestras normas.

(Anjana, Saja): — Hace tiempo que esperaba alguna sorpresa parecida a esta.

(Bruja Blanca, Luz): — Debemos de actuar con cautela. Son muy hábiles y si la han secuestrado a ella, han secuestrado el bosque.

(Anjana, Casares): — ¡Iremos a verlas! ¡No podrán salirse con la suya!

(Todos abandonan el escenario. Trasto y Trastuco esperan un poco y cuchichean. Después salen)

(Trastolillo, Trasto): — Tengo una idea. Podemos pincharlas las escobas.

(Trastolillo pequeño, Trastuco): — ¡Pero si no tienen ruedas!

(Trastolillo, Trasto): — ¡Es verdad! Bueno, ya se nos ocurrirá otra cosa.

(Entra la Anjana Deva con los Caballucos del Diablo, uno a cada lado. Tras ellos viene Pelos, el hijo del Ojáncano. Atan a Deva a un árbol en un lateral del escenario. Ella no se resiste)

(Anjana, Deva): — No sabéis lo que estáis haciendo. Las brujas no se saldrán con la suya.

(Caballuco del Diablo, Rojo): — Puedes decir lo que quieras, pero, de momento a mí me parece que sí.

(Caballuco del Diablo, Negro): — Nada de lo que digas va a mejorar tu situación.

(Anjana, Deva): — Sigues siendo el viejo molinero que engañaba a sus vecinos y les daba menos harina de la que los cobraba. Siempre te portaste mal y ahora eres un sirviente de Cernégula.

(Caballuco del Diablo, Rojo): — Ahora ya somos siete y continuaremos creciendo. Los humanos son así de bobos.

(Anjana, Deva): — Los humanos saben bien lo que hacen y saben rectificar sus errores. Para eso estamos las Anjanas, para ayudarlos… ¿Y tú Pelos, sabe tu padre que estás aquí, colaborando con ellos?

(Caballuco del Diablo, Rojo): — Deja al pequeño tranquilo, ¡ha hecho muy bien su trabajo!

(Caballuco del Diablo, Negro): — Sabíamos que se podía contar contigo. Eres muy listuco. ¡Serás un gran Ojáncano!

(Hijo del Ojáncano, Pelos): — Mi papá estará orgulloso. No tardará en venir y lo verás.

(Música, aullido de lobos 30". Aparecen las tres brujas. Se colocan en el centro)

(Bruja, Quimia): — ¡Espero que estés cómoda y que te estén tratando bien! ¡Qué menos para la gran Dama! *(con gran ironía y burlándose)*

(Bruja, Talania): — ¿Qué se siente cuando se está sin ningún poder? Estás bajo nuestro dominio y ahora mismo el bosque no tiene protección.

(Bruja, Cernégula): — Sabes bien que, sin tu presencia, las demás Anjanas tienen su poder muy limitado y yo sé, que más tarde o más temprano, aparecerán por aquí para intentar rescatarte.

(Anjana, Deva): — ¿Se puede saber qué es lo que pretendéis con esto?

(Bruja, Quimia): — Lo sabrás a su debido tiempo, Anjanuca *(con desprecio)*

(Bruja, Talania): — Estoy deseando que vengan a por ti. A ver que caras tienen cuando vean a su maravillosa Deva sin ningún poder.

(Anjana, Deva): — ¿Qué habéis hecho con mi báculo?

(Caballuco del Diablo, Rojo): — No te preocupes por eso. Está bien vigilado, en un lugar seguro. Lejos de tu alcance.

(Anjana, Deva): — Vosotros no deberíais de estar aquí. Solo salís de vuestro escondite durante la Noche de San Juan, dejáis caer vuestra saliva para que se convierta en oro y poder engañar a los humanos.

(Bruja, Cernégula): — Gracias Pelos. Nos has ayudado mucho. Tengo ganas de que llegue tu padre.

(Hijo del Ojáncano, Pelos): — ¡Por allí viene! *(muy contento, corre alegre a abrazar a su padre, el Ojáncano)* ¡Paaapiiiii!

(Entra el Ojáncano, amenazando al público con gruñidos, como siempre. Abraza a su hijo y llega hasta el escenario)

(Ojáncano, Oji): — ¡Carne, carneeeeee, carne frescaaaaa! *(lo repite hasta llegar al escenario)*

Bueeeenoooo, alguna no tan fresca *(dirigiéndose al público)*

(Bruja, Talania): — Bienvenido Oji. Puedes estar contento. Pelos ha cumplido perfectamente nuestro encargo de engañar a Deva. *(Pelos levanta sus brazos. Mientras Oji le da unas palmaditas en la espalda)*

(Bruja, Quimia): — Si tienes hambre, cuando acabemos puedes elegir *(señalando al público)*

(Ojáncano, Oji): — ¿Y a ella? *(señalando a Deva y relamiéndose)*

(Hijo del Ojáncano, Pelos): — ¡Papá!

(Caballuco del Diablo, Rojo): — ¡No, ella no se toca!, al menos por el momento.

(Caballuco del Diablo, Negro): — ¡Me encanta ver a una Anjana en apuros! ¿A qué se pasa mal?

(Ojáncano, Oji): — Bueno, tenía que intentarlo.

(Bruja, Cernégula): — Nuestra querida Deva nos a ser muy útil. Vamos a esperar a que aparezcan los suyos. No creo que tarden mucho… o quizá no vengan, ¿tú que crees Deva? Es posible que no te quieran tanto como tú te crees *(Deva la mira arrugando el morruco)*

(Música Bígaro 30". Aparecen el Enanuco, las Anjanas, la Sirenuca y las Mozas del agua… faltan la Bruja Blanca, Ranko y los Trastolillos)

(Bruja, Talania): — ¡Vaya, vaya! ¡Pues sí que han sido rapiducos! Como siempre eres muy efectivo dando avisos con tu bígaro, enanuco.

(Enanuco Bigarista, Alio): — Siempre lo hago. Sobre todo, cuando tiene que ver con vosotras.

(Ojáncano, Oji): — ¡Ummm, creo que me está apeteciendo un enano!

(Hijo del Ojáncano, Pelos): — ¡Siiiii… con patatas!

(Bruja, Quimia): — Este no vale ni para quitar el hambre, con este tamaño.

(Ojáncano, Oji): — No veo a Ranko el oso, ni a los Trastolillos, ni a la Bruja Blanca.

(Moza del Agua, Magdalena): — No te preocupes por ellos, ya llegarán. Están asegurándose de que todo en el bosque, sigua normal.

(Anjana, Saja): — No sé qué es lo que pretendéis. Sea lo que sea, todo el bosque sabe lo que habéis hecho. Exigimos que liberéis a Deva inmediatamente.

(Bruja, Quimia): — También nosotras exigimos que quitéis el poste de la luz de la entrada de Barriopalacio y os da igual. Seguimos estrellándonos contra él.

(Anjana, Saja): — ¿Cómo queréis que estemos? Preocupadas porque aún no sabemos que pretendéis

(Caballuco del Diablo, Rojo): — ¡Tú calladuca! *(amenazante)*

(Anjana, Besaya): — Confío que te hayan tratado bien *(dirigiéndose a Deva)*

(Sirenuca, Mar): — Si no es así…

(Bruja, Quimia): — ¡Mira que graciosa, la anchoa! *(burlándose de la Sirenuca)* Si no es así, ¿qué?... ¡Caballucos, llevaos a la Anjana de aquí y vigiladla bien!

(Sirenuca, Mar): — Trátala bien o pagaréis las consecuencias.

(Anjana, Deva): — ¡Estaré bien, no os preocupéis! Solo quiero que nos digan porque están haciendo esto y que me devuelvan mi báculo.

(Hijo del Ojáncano, Pelos): — ¡Que te calles, pesada! Voy con vosotros.

(Caballuco del Diablo, Negro): — Si, ven con nosotros. Tenemos que enseñarte cosas muy divertidas.

(Los Caballucos y Pelos desatan a Deva y abandonan el escenario. Entran la Bruja Blanca, los Trastolillos y Ranko el oso.

(Sirenuca, Mar): — ¡Ya están aquí Ranko y los Trastolillos! ¿Qué tal chicos, todo en orden?

(Moza del Agua, Magdalena): — Habéis tardado mucho, ¿algún problema?

(Enanuco Bigarista, Alio): — Empezábamos a preocuparnos. Ya iba a hacer sonar mi bígaro preguntando donde estabais.

(Bruja, Talania): — Estando aquí nuestro amigo el Ojáncano, no sé de qué teníais que preocuparos… ¡¿verdad Oji?! Porque si los pillas con hambreeeee…

(Ojáncano, Oji): — Bueno no te creas, que con el tamaño que tienen tampoco me iban a quitar mucha hambre. Prefiero algún humano un poco crecidito *(mirando al público)* aunque su carne no esté demasiado fresca.

(Bruja Blanca, Luz): — Tú siempre pensando en lo mismo. El bosque está bien, pero muy triste. Todos, incluidos los árboles y los ríos saben lo que está pasando y están muy preocupados.

(Trastolillo, Trasto): — Están pasando cosas muy extrañas. Los ríos bajan con menos agua, los árboles han perdido color y algunos animales se esconden.

(Ojáncano, Oji): — También de mi se esconden. Es normal, saben lo que puede pasarlos.

(Trastolillo pequeño, Trastuco): — Contigo es lógico, pero a nosotros nos quieren.

(Ojáncano, Oji): — ¡Grrrrr, ya nos veremos pequeño! *(gruñe feroz hacia Trastuco que se asusta y se protege detrás de Trasto)*

(Bruja Blanca, Luz): — Me preocupa el Musgoso, que no puede hacer música con su flauta.

(Ranko, el oso): — … y el Arquetu, que se ha quedado sin sus monedas de oro.

(Sirenuca, Mar): — Pues si no suena su flauta, nadie podrá avisarnos de las tormentas y no podremos ponernos a salvo.

(Moza del Agua, Magdalena): — Y el Arquetu no podrá dar segundas oportunidades, regalando una moneda de oro a quien lo necesite.

(Anjana, Saja): — Vaya, pues parece que algunas cosas no están como debieran.

(Anjana, Casares): — Ya habíamos notado algunos cambios. Brujas queremos saber qué es lo que está pasando.

(Ranko, el oso): — ¿Y dónde está Deva?, esperaba encontrarla aquí.

(Anjana, Saja): — Eso es lo primero que queremos saber, ¿dónde está Deva?

(Enanuco Bigarista, Alio): — No te preocupes. Hace un momento estaba aquí. Ahora se la han llevado los Caballucos, pero han prometido que no le pasaría nada.

(Trastolillo, Trasto): — ¿Y os fiais de sus promesas después de lo que están haciendo?

(Trastolillo pequeño, Trastuco): — ¡Yo no lo haría!

(Bruja, Quimia): — Os noto bastante nerviosillos, ¿por qué será? Ahora os dais cuenta de lo que pasa cuando las cosas se hacen sin contar con todos.

(Bruja, Talania): — Ahora es nuestro tiempo. Vosotras Anjanas, solo tenéis poder en vuestros valles. Deva es la mayor y la que vigila toda Cantabria. Mientras esté en nuestro poder, ¡nosotras mandamos!

(Ojáncano, Oji): — Bien, eso me gusta. Ya nadie retirará las piedras que yo pongo en los ríos para que el agua no llegue a los pueblos.

(Moza del Agua, Magdalena): — ¿Y hasta cuando piensas tenerla secuestrada?

(Bruja, Cernégula): — Hasta que quiera ceder a nuestras exigencias.

(Anjana, Besaya): — ¿Y qué exigencias son esas?, ¿qué quieres?

(Cernégula se planta en el centro del escenario balaceándose con chulería, a sus lados Talania y Quimia. Las tres con sonrisa provocadora)

(Bruja, Talania): — Queréis verla, ¿verdad?

(Sirenuca, Mar): — ¡Por supuesto que sí! Y comprobar que no le habéis hecho ningún daño.

(Bruja, Quimia): — ¡Tenía que saltar la sardinuca!

(Bruja, Cernégula): — *(gritando)* ¡Está bien, Caballucos traed a Deva!

(Entran los Caballucos. Tras ellos viene Deva muy triste. Por detrás viene Pelos)

(Anjana, Saja): — ¿Cómo estás Deva, te han tratado bien?

(Bruja, Cernégula): — Aquí la tenéis. Sana y salva. Bueno, realmente más salva que sana. Rojo, ¿qué tal se ha portado?

(Caballuco del Diablo, Rojo): — Bueno, bastante bien. No ha tenido más remedio. Su poder está en su báculo y lo tenemos bien escondido.

(Caballuco del Diablo, Negro): — No te preocupes. Está en sitio seguro. Muy cerca de aquí, bien vigilado.

(Enanuco Bigarista, Alio): — Exigimos que liberéis a Deva inmediatamente.

(Caballuco del Diablo, Rojo): — Tranqui enano, tranqui. No te pongas nervioso.

(Ojáncano, Oji): — Ja,ja,ja, ¿Quién te crees que eres tú para exigir nada?

(Hijo del Ojáncano, Pelos): — ¡Déjamelo a mí, papi! *(se encara con Alio)*

(Anjana, Besaya): — Basta ya de tantas bobadas. Dejad vuestras diferencias para otro momento. Aún no nos habéis dicho qué es lo que queréis y por qué estáis haciendo esto.

(Anjana, Casares): — El bosque está empezando a sufrir demasiado. Luego le echaremos la culpa a los humanos.

(Bruja Blanca, Luz): — Dejaos de tonterías ¡Deva, ¿estás bien?

(Deva no contesta. Gesticula con las manos, dejando la duda

(Bruja, Cernégula): — Quiero quedarme a solas con Deva.

(Ranko, el oso): — No me fio. Eres capaz de cualquier cosa.

(Bruja, Quimia): — Mira el animaluco. Como si él fuera de fiar.

(Ranko gruñe a Quimia)

(Trastolillo pequeño, Trasto): — ¡Como se te ocurra hacerla algo malo, te las verás conmigo!

(Todos abandonan el escenario, excepto Deva y Cernégula)

(Bruja, Cernégula): — Ya tenía yo ganas de tener una conversación contigo, a solas. Ya ves que no tienes todo el poder, que eres tan vulnerable como todos y que el bosque no es de tu propiedad.

(Anjana, Deva): — El bosque es de todos. Incluso de los humanos. Siempre ha sido así. Solo lo protegemos de…

(Bruja, Cernégula): — ¡¿De quién, de nosotras?! *(grita muy enfadada)*

(Anjana, Deva): — … y del Ojáncano, y de los Caballucos y de alguno más.

(Bruja, Cernégula): — Nunca contáis con nosotras para tomar vuestras decisiones. Hace cuatro años, el Cumple del Ojáncano. El año pasado Plenilunio Mágico y este año la Fiesta de la Mitología de Barriopalacio. Fiestas, reuniones, ¡nunca nos llamáis! Y encima ponéis postes de la luz para que nos estrellemos.

(Anjana, Deva): — ¿Crees que, secuestrándome a mí, vas a conseguir dominar el bosque? Es cuestión de tiempo que las demás Anjanas y todos los demás se organicen para evitarlo. La oscuridad no puede llegar a Cantabria.

(Bruja, Cernégula): — Eso lo sé. No soy tan ingenua. Lo que quiero es que a partir de ahora se cuente con las brujas como uno más, ¡No somos tan malas como creéis vosotras y los humanos!

(Anjana, Deva): — Pues demostrarlo y no os empeñéis en hacer todo lo contrario, apoyando a los Caballucos, al Ojáncano…

(Bruja, Cernégula): — Son ellos quienes nos informan y solo gracias a ellos nos enteramos.

(Anjana, Deva): — ¿Qué propone?

(Bruja, Cernégula): — Participar en todo lo que afecte a nuestros bosques y que jamás se haga nada sin contar con todos y todas. Eso, nos incluye a nosotras. A cambio, seguirás siendo la Gran Anjana que eres ¡pero! yo controlaré que los humanos no hagan nada que nos perjudique. ¡Como colocar más postes de la luz! Eso sí, ayudaremos a los Caballucos a comernos todos los tréboles de cuatro hojas.

(Anjana, Deva): — Supongo que no queda otra alternativa. Convocaremos a todos.

(Deva y Cernégula abandonan el escenario. Entran Ranko y Alio)

(Ranko, el oso): — No me gusta lo que veo. Aquí no hay nadie. Si la bruja le ha hecho algo a Deva, se las verá conmigo y con mis garras.

(Enanuco Bigarista, Alio): — ¡Calla, animal! Estamos aquí para recibir a todos en el consejo que han convocado las dos.

(Ranko, el oso): — ¡Qué no me llames animal! *(gritando)* ¿Las dos juntas?, Grrrrr… raro, raro.

(Ranko saca del bolsillo una lista escrita y lee:)

(Ranko, el oso): — *(poco a poco, van entrando)* Magdalena y Cantia, Mozas del Agua. Trasto y Trastuco, los Trastolillos. Mar, la Sirenuca. Luz, la Bruja Blanca. Oji y Pelos, los Ojáncanos. Rojo y Negro, los Caballucos del Diablo. Talania y Quimia, las Brujas de Ongayo. Besaya, Anjana de Molledo e Iguña. Saja, Anjana de Cabuérniga. Casares, Anjana de Anievas. Cernégula y Deva *(el Caballuco Negro, trae el báculo de Deva)*

(Ojáncano, Oji): — Estoy muy preocupado porque tengo hambre y no veo nada para comer. Verás como al final tengo que bajarme de aquí y… ¡Carne, carne, carne fresca! *(repasando al público con su mirada)*

(Hijo del Ojáncano, Pelos): — Yo ya he elegido al mío

(Bruja, Cernégula): — ¡Negro, dame el báculo de Deva!

(Negro se lo entrega. Ella lo mantiene en su poder un momento. Lo levanta a la vista de todos y se lo devuelve a Deva)

(Bruja, Talania): — Parece que en contra de lo que es habitual entre los humanos, vosotras si habéis llegado a algún acuerdo ¡Contadnos!

(Sirenuca, Mar): — Si por favor, estamos deseando saber que ha pasado.

(Bruja, Quimia): — Oye pececito, ¿tú debajo del agua también hablas? ¡CÁLLATE YA!

(Anjana, Besaya): — Algo bueno ha pasado porque de repente los árboles han recuperado su color, muchos de ellos sus hojas y se balancean con su alegría de siempre.

(Anjana, Saja): — Los ríos vuelven a bajar con agua abundante y corren alegres entre las rocas.

(Bruja Blanca, Luz): — El sol luce todo su brillo y las flores han vuelto a los prados.

(Caballuco del Diablo, Rojo): — Pues a ver si crecen de nuevo los tréboles de cuatro hojas, que yo también tengo hambre. Me los seguiré comiendo para que los humanos no tengan suerte, ja,ja,ja…

(Caballuco del Diablo, Negro): — Seguiré soltando saliva que se convierta en oro. Los humanos que lo encuentren creerán

que han tenido suerte, pero solo habrán vendido su alma al diablo.

(Anjana, Deva): — El bosque seguirá como siempre lo ha hecho, poniendo sus propias normas. Los que vivimos en él, incluidos vosotros los humanos, solo podemos respetarlo. Para eso celebramos nuestros Consejos, para asegurarnos que todo está en orden. Consejos en los que a partir de ahora estarán las brujas.

(Ojáncano, Oji): — A mí me da igual. Yo soy el Ojáncano, el terror de los bosques y ahora mismo voy a subir a la Espina del Gallego, arrancando los árboles con mis pelos, devorando ovejas y… niñoooooosssss.

(Hijo del Ojáncano, Pelos): — Bien dicho papi. Por cierto, tengo hambre ¡Vámonos! **(salen del escenario)**

(Anjana, Casares): — Me voy detrás de estos dos a vigilar lo que hacen **(sale del escenario)**

(Caballuco del Diablo, Rojo): — Nosotros también nos vamos. Ya no tenemos nada que hacer aquí. Volveremos a vernos. **(Rojo y Negro salen del escenario)**

(Trastolillo, Trasto): — Hace demasiado tiempo que no liamos alguna por ahí, me aburro. Creo que he visto por aquí cerca una cabaña donde podemos colarnos y esparcir un poco de harina por toda la casa. Es muy divertido.

(Trastolillo pequeño, Trastuco): — Lo último que le hicimos a una vaca fue muy divertido. Me pregunto cómo reaccionará un caballo. **(los trastolillos salen del escenario)**

(Sirenuca, Mar): — Mi cola comienza a secarse. Me alegro de que todo se haya resuelto hablando. Los marineros me necesitan, hay fuerte oleaje. Hasta pronto **(sale del escenario)**

(Bruja, Quimia): — Adiós guapa. Vete por la sombra que los bombones al sol se derriten.

(Bruja Blanca, Luz): — A ver si algún día nos cuentas porque te llevas tan mal con Mar. Yo seguiré intentando que vosotras las brujas sigáis mi camino y os paséis al lado del bien. Veréis como os gusta **(sale del escenario)**

(Ranko, el oso): — ¡Qué sueño! *(estirándose y bostezando)* Y aún tengo que preparar mi osera, el otoño llega enseguida y luego el invierno es muy largo. ¡Qué ganas tengo de echarme a dormir!

(Enanuco Bigarista, Alio): — ¡Venga anda, vamos animal! Creo que este invierno lo voy a pasar contigo

(Ranko, el oso): — ¡ENANO!, ¡qué no me llames animal! ¡SOY UN OSO!... ¿y eso no lo dirás en serio?

(Enanuco Bigarista, Alio): — Por supuesto que no. No podría aguantar tus ronquidos durante varios meses. Anda, camina… Ah, y tú a mí no me llames enano. *(los dos salen del escenario)*

(Moza del Agua, Magdalena): — El año pasado os dije que pasaríamos lista. Me alegra ver que todos habéis cumplido. Os espero otra vez dentro de un año *(las dos mozas salen del escenario)*

(Anjana, Saja): — Siempre que el bosque o vosotros los humanos tengáis algún problema estaremos las Anjanas para ayudaros… Seguiremos cuidando y protegiendo nuestro bosque, con Brujas o sin ellas *(sale del escenario)*

(Bruja, Quimia): — ¡Con nosotras querida, con nosotras! Qué bien me lo voy a pasar a partir de ahora… ¡Ummmm, creo que pronto voy a hacer una visita a la Sirenuca .A lo mejor hasta terminamos llevándonos bien! *(sale del escenario)*

(Anjana, Besaya): — Las Anjanas no vamos a consentir que nada malo se apodere de nuestros bosques. Siempre estaremos vigilando *(sale del escenario)*

(Bruja, Talania): — Nos hemos salido con la nuestra. Ahora todos sabréis que lo que ocurre en el bosque, también es cosa nuestra y podréis comprobar que la realidad no es tan "feliz"

como las Anjanas quieren que os parezca *(salen del escenario Talania, Cernégula y Deva)*

(Entra Cernégula)

(Bruja, Cernégula): — Espero que no lo vuelvan a hacer, por la cuenta que los trae. Fiestezucas, celebraciones, consejos o reuniones no volverán a celebrarse sin nuestra presencia. Y nos tendrán que escuchar. Poco a poco iremos controlando más y más.

(entra Deva)

(Anjana, Deva): — Te estoy oyendo Cernégula. Sabes que lo que has conseguido, ha sido con engaños y amenazas. Por el momento cumpliré nuestro acuerdo. Soñamos con un bosque de todos y para todos, pero no todo vale ¡NUNCA DEJEIS DE SOÑAR! *(levantando su báculo hacia el público)*

Música (todos salen al escenario para saludar al público)

CANTABRIA FANTASYREAL

Yaiza y Antonio Manrique

REPRESENTACIONES:

Teatro de las Escuelas de Orejo (Marina de Cudeyo)
Centro Cívico "Manuel Ángel Salas" de Boo de Guarnizo
CSC Espacio Abierto (Astillero)

PERSONAJES

BRUJA "CERNÉGULA"… Yaiza Manrique Sainz
BRUJA "TALANIA"… Naira Manrique Sainz
ANJANA "DEVA"… Daniela Calvo Manrique
DRUIDA "DOVIDERO"… Antonio Manrique Solana

Suena música tradicional cántabra

En el escenario se ve el baúl a un lado y un taburete/tronco al otro lado.

Sale la Anjana y se sienta en el tronco. Espera a que acabe la música.

Aparecen desde el fondo del teatro, paseando y avanzando hacia el escenario las dos brujas. Charlan entre ellas... La Anjana las observa.

(BRUJA 1, CERNÉGULA): — He pensado que para celebrar el 400 cumpleaños de la Anjana Deva, vamos a celebrar una fiesta en el bosque.

(BRUJA 2, TALANIA): — Pues a mí me parece una idea muy buena. ¿Invitaremos a todos?

(BRUJA 1, CERNÉGULA): — ¡A todos, claro! Al cumplir 400 años desaparece. Ese es el momento que aprovecharemos para hacernos con todos sus poderes. Es nuestra oportunidad para conseguir el control.

(BRUJA 2, TALANIA): — ¿Y qué vamos a hacer con las demás Anjanas? Ya sabes que en cada valle de Cantabria hay una... y estarán todas allí.

(BRUJA 1, CERNÉGULA): — Pero Deva es la mayor y a la que todas obedecen. Cuando ella deposite sus poderes, las demás no sabrán que hacer.

(BRUJA 2, TALANIA): — Y ese será nuestro momento. ¿A qué sí? **(*Se frota las manos, disfrutando*)**

(BRUJA 1, CERNÉGULA): — Eso es amiguca, eso es.

Hablando llegan al escenario y allí se encuentran con la Anjana Deva.

(ANJANA, DEVA): — ¡Hola brujas! ¡Qué sorpresa!

(BRUJA 1, CERNÉGULA): — ¡Qué suerte encontrarte por aquí! ¡Tan sola!

(BRUJA 2, TALANIA): — Estábamos buscándote

(ANJANA, DEVA): — Pues ya me habéis encontrado. ¿Qué queréis?

(BRUJA 1, CERNÉGULA): — Queremos darte una fiesta de despedida. Sabemos que cumples 400 años…

(BRUJA 2, TALANIA): — … ¡y que tienes que desaparecer!

(ANJANA, DEVA): — Pues sí. *(con tristeza)*

(BRUJA 1, CERNÉGULA): — Ya que nunca nos invitáis a vuestras fiestas, nosotras queremos organizar una para ti e invitar a todos.

(BRUJA 2, TALANIA): — Para que veas que no te guardamos rencor.

(ANJANA, DEVA): — De acuerdo, iré. Podéis contar conmigo. Gracias

La Anjana Deva se levanta y sale del escenario

(BRUJA 2, TALANIA): — Creo que se lo ha tragado. *(sonriéndose)*

(BRUJA 1, CERNÉGULA): — ¡Totalmente! Al fin vamos a dominar el bosque y cambiar sus leyes a nuestro gusto.

Las brujas salen del escenario riéndose a carcajadas.

Entra hasta el centro del escenario el Druida Dovidero. Retira el taburete de la Anjana.

Explica que es la mitología. Cuenta quién es, dónde vive.

Habla de quienes son las Anjanas. De que hay tantas como valles. Que se llaman como el río que recorre el valle que protegen. De su tiempo de vida.

Comienza a presentar a los invitados a la fiesta: Trastolillo, Roblón y Osa de Ándara.

Los va dejando en el suelo y se retira detrás del baúl.

Entran de nuevo las dos brujas.

(BRUJA 1, CERNÉGULA): — Ya están empezando a llegar nuestros invitados. Aunque no creo que vengan todos. Fíjate, hasta han venido unos cuantos humanos.

(BRUJA 2, TALANIA): — ¡Que ingenuos! Deben de creer que vienen a una fiesta

(BRUJA 1, CERNÉGULA): — ¡Déjalos! No se reirán tanto cuando no encuentren tréboles de cuatro hojas porque nos los comamos nosotras y los Caballucos del Diablo.

(BRUJA 2, TALANIA): — Y así nunca más tendrán suerte.

Entra la Anjana Deva, saludando al público

(ANJANA, DEVA): — ¡Hooooolaaaaa! ¡Bienvenidos a mi fiesta de despedida!

(BRUJA 1, CERNÉGULA): — Si, si, ven bonita. Ponte aquí, entre nosotras dos

(BRUJA 2, TALANIA): — Eso, confía en nosotras.

(ANJANA, DEVA): — Ha llegado mi momento, tengo que desaparecer.

(BRUJA 1, CERNÉGULA): — Precisamente para eso estamos aquí. Tienes que traspasar tus poderes y nosotras vamos a recogerlos para ser quienes mandemos en el bosque a partir de ahora.

(BRUJA 2, TALANIA): — Ha sido muy fácil engañarte. Te creía más "listuca"

(ANJANA, DEVA): — No me fiaba de vosotras. Mis poderes ya han sido traspasados.

(BRUJA 1, CERNÉGULA): — ¡¿Cómo?! No puede ser. No nos vas a engañar. Queremos tener el poder y establecer las normas para un bosque oscuro.

(BRUJA 2, TALANIA): — Llevamos mucho tiempo esperando este momento.

(ANJANA, DEVA): — ¡Y más que vais a esperar!

La Anjana se sienta junto a los personajes que ya han sido presentados por Dovidero.

Las brujas hacen lo mismo, al lado contrario,

Dovidero vuelve al escenario y explica que siempre habrá Anjanas porque ellas pasan mucho tiempo enseñando a las Mozas del Agua para que las sustituyan.

Presenta a La Guajona y a los Caballucos del Diablo.

Cuando deja a Demón el Caballuco se oye una llamada:

(BRUJA 1, CERNÉGULA): — ¡¡DEMÓN, DEMÓN!! *(levantándose)*

Dovidero que se ha retirado pone voz a Demón

(CABALLUCO DEL DIABLO, DEMÓN): — ¿Quién me llama? ¡Estoy aquí!

Cernégula coge a Demón y habla con él.

(BRUJA 1, CERNÉGULA): — Necesito tu ayuda, tu colaboración.

(CABALLUCO DEL DIABLO, DEMÓN): — Tu dirás, querida amiga.

(BRUJA 1, CERNÉGULA): — Deva la Anjana cumple hoy 400 años. Tiene que desaparecer. Necesito tu ayuda para apoderarnos dc sus poderes y así dominar el bosque.

(CABALLUCO DEL DIABLO, DEMÓN): — ¡Ummmm, interesante!... ¿Y yo que ganaría si te ayudo?

(BRUJA 1, CERNÉGULA): — Cada vez que un humano entre en el bosque, podrás soltar su saliva para que se convierta en oro. Los humanos son codiciosos y lo cogerá.

(CABALLUCO DEL DIABLO, DEMÓN): — Entonces, ¡en Samuín, su alma será mía!

(BRUJA 1, CERNÉGULA): — La bruja Talania me ha dicho que ha convencido al Roblón para que también nos ayude. Él se encargará de beberse todo el agua y así en ese momento, se preocuparán de otra cosa.

(CABALLUCO DEL DIABLO, DEMÓN): — ¿Y Dovidero, el druida?

(BRUJA 1, CERNÉGULA): — Ya está muy mayor. Cuando quiera darse cuenta será tarde. ¿No dice siempre que, si deseas mucho un sueño, se cumplirá? Pues yo cada vez estoy más cerca de cumplir mi sueño ¡Y POR FIN, DOMINAR EL BOSQUE!

Cernégula deja a Demón en el suelo

(BRUJA 1, CERNÉGULA): — ¡TALANIA, TALANIA! Tengo buenas noticias.

La Bruja Talania se levanta

(BRUJA 2, TALANIA): — ¿Qué te ocurre querida?

(BRUJA 1, CERNÉGULA): — Demón está con nosotras. Nos ayudará. ¡Por fin! Voy a ser la reina del bosque.

(BRUJA 2, TALANIA): — Yo seré la princesa. Je,je,je,je…

Las dos se vuelven a sentar muy felices.

Vuelve Dovidero. Presenta a la Sirenuca. La Anjana Deva interviene para reñirla por desobediente.

Continúa presentando a Arquetu. Cuando termina exclama:

(DRUIDA, DOVIDERO): — Creo que los planes de las brujas no van a salir como ellas esperan.

Las brujas se levantan y se enfrentan al Druida.

(BRUJA 1, CERNÉGULA): — La culpa es tuya Dovidero. Lo teníamos todo bien planeado y tú te has entrometido.

(DRUIDA, DOVIDERO): — Yo solo he defendido el bosque, avisando a las demás Anjanas y a las Mozas del Agua de vuestros feos planes.

(BRUJA 2, TALANIA): — ¡ENTROMETIDO!

(DRUIDA, DOVIDERO): — Era mi deber.

Las brujas se mantienen junto al Druida. Dovidero comienza a despedirse, pero alguien le interrumpe: Es el Ojáncano que desde el baúl grita que falta él. Dovidero lo presenta. Al terminar pide a la Anjana que se despida. Ella se levanta.

(ANJANA, DEVA): — ¡Adiós amigos, nunca dejéis de soñar!

(BRUJA 1, CERNÉGULA): — Adiós guapita. Vete por la sombra.

(BRUJA 2, TALANIA): — Si, que los bombones al sol, se derriten. *(con ironía)*

¡ HASTA SIEMPRE !

Antonio Manrique

ASOCIACIÓN DE DESARROLLO RURAL "DOS VALLES"
Grupo de teatro infantil
"Un pueblo de Leyenda"
2024
Barriopalacio
(Anievas- Cantabria)

REPRESENTACIONES:

Fiesta de la Mitología de Cantabria de Barriopalacio de Anievas

PERSONAJES

TRASTOLILLO "TRASTO .... Darío González González
TRASGO "TRASGO .... Juan González Quijano
BRUJA "QUIMIA.................................... Valeria Quevedo Fernández
BRUJA "TALANIA.. Mónica Vallejo Pereira
BRUJA "CERNÉGULA .... Carolina González Quijano
GANADERA "NURIA" .... Nuria Mantecón García
PASTORA "IRENE".. Irene Mantecón García
ALCALDESA "LUZ"... Lucía Hoz Ruiz
MUSGOSO "UCO"...Lucas Castillo Alonso
OJÁNCANO "OJI" .... Guillermo González Peláez
ANJANA "CASARES" .... Lara Martínez Villegas
ANJANA "BESAYA".. María de Diego Ríos
ANJANA "SAJA" .... Paula Fernández Hoyos
ANJANA "DEVA" .... Alba Castillo Alonso
VENTOLIN "NORDESTE" ....Candela Lorenzo Álvaro
VENTOLIN "SUR" .... Candela Carral Pila
SIRENUCA "MAR" .... Alba Martínez Villegas
Coordinación: Ana Sauce Cerro

(Suena música 1´) (Sale al escenario el Trastolillo)

(TRASTOLILLO, TRASTO): — ¡Bienvenidos al bosque de Cantabria! ¡Bienvenidos a Barriopalacio!. Confío que hayáis estado muy atentos y nadie haya tenido ningún problema con el poste de la luz de la entrada… ¡como alguna que otra bruja! *(con ironía)* Soy Trasto, el trastolillo. ¡Siiiiii!, ese que vuestra imaginación ha creado para explicar lo que no tiene explicación. Como todos mis amigos mitológicos. *(sale del escenario)*

(Entran al escenario una pastora y una ganadera. Se sientan. Junto a ellas una oveja y una vaca)

(Aullido de lobos y tormenta 20". Al tiempo aparecen las tras brujas, paseando)

(BRUJA, Quimia): — Me he enterado de que hoy es el cumpleaños de la Anjana Deva. La mayor de todas.

(BRUJA, Talania): — Como de costumbre nadie nos ha dicho nada. ¿Cómo te has enterado?

(BRUJA, Quimia): — Escuché la flauta del Musgoso que lo anunciaba. Seguro que están preparando algo

(Talania abre sus brazos, frenando el caminar de sus compañeras)

(BRUJA, Talania): — ¡Mirad, ahí están Nuria la ganadera e Irene la pastora! Esas dos humanas seguro que saben algo. Vamos a ver.

(BRUJA, Cernégula): — ¡Hola chicas, buenas tardes! Que tranquilas estáis, ¿podemos acercarnos? Queremos hablar con vosotras.

(GANADERA, Nuria): — Si claro. Con vosotras no tenemos ningún problema.

(PASTORA, Irene): — Los problemas nos los dan el Trastolillo, el Trasgo y el Ojáncano.

(BRUJA, Quimia): — Es que les gusta mucho divertirse.

(BRUJA, Talania): — Si. Gastan bromas un poco pesadas, pero solo son bromas.

(PASTORA, Irene): — Molestan mucho. Y lo del Ojáncano es peor. Se lleva mis ovejas para comérselas.

(GANADERA, Nuria): — Por eso estamos aquí, vigilando.

(BRUJA, Cernégula): — ¡Claro, claro! ¿Habéis oído algo de alguna celebración que se esté preparando en el bosque?

(PASTORA, Irene): — ¡Siiiii, es el cumple de Deva, la Anjana mayor! Estamos invitadas, ¿vosotras no?

(BRUJA, Quimia): — ¡Por supuesto que no! pero seguro que, al pececito de la Sirenuca, si la han invitado.

(BRUJA, Talania): — ¡Hija, que obsesión tienes con ella!

(BRUJA, Cernégula): — Bueno chicas, gracias por la información. Vamos a continuar nuestro camino y ya nos veremos… ¡Muuuuyyyyy prontuco!

(Las brujas salen del escenario. De repente aparece el Ojáncano que ruge y amenaza a las humanas. Ellas se asustan y se abrazan)

(OJÁNCANO, Oji): — ¡Carne, carne, carne frescaaaaa!

(Coge una oveja, la muestra como un trofeo y desaparece con ella entre carcajadas. Pastora y ganadera se quedan muy asustadas)

(PASTORA, Irene): — Tenemos que ir a ver a la alcaldesa. No podemos seguir así.

(GANADERA, Nuria): — Si. Vamos a pedir ayuda. *(Las dos salen del escenario. Entra el Musgoso, tocando su flauta. Al rato, entran las cuatro Anjanas)*

(MUSGOSO, Uco): — Hola Anjanas. Sabía que vendríais en cuanto oyeseis el sonido de mi flauta. He cumplido vuestro encargo de convocar al Consejo del Bosque. Me ayudó el enano con su bígaro.

(ANJANA, Casares): — Siempre lo haces Uco. Sabemos que podemos contar contigo. Nunca fallas. ¿El aviso ha llegado a todos, incluidas las brujas?

(MUSGOSO, Uco): — No directamente, pero estoy seguro que lo habrán escuchado.

(ANJANA, Besaya): — No lo dudes. Siempre están pendientes de todo lo que ocurre. ¡Son unas cotillas!

(ANJANA, Saja): — El año pasado acordamos contar con ellas y lo hemos hecho, "casi siempre". Esta vez hemos invitado también a los humanos. Mirad cuántos han venido.

(MUSGOSO, Uco): — Claro, es que el anuncio del cumpleaños de nuestra querida Deva y la fiesta de Barriopalacio llega a todos los rincones de Cantabria, incluso más allá.

(ANJANA, Besaya): — La verdad es que sí. Gracias Uco. Aunque me parece que esta vez no vamos a tener un Consejo muy alegre. *(Deva está muy triste, se separa del grupo)*

(ANJANA, Casares): — Te noto un poco triste. ¡Es tu cumple! ¿Qué te ocurre?

(ANJANA, Besaya): — Solo te hemos visto así de preocupada el año pasado, cuando te secuestraron las brujas. ¿Tú sabes algo, Saja?

(ANJANA, Saja): — Supongo que soy la única que sabe lo que le ocurre a Deva, pero tiene que ser ella la que os lo diga.

(ANJANA, Deva): — Tranquilas amigucas, tranquilas. Debería estar contenta lo sé, pero no lo estoy. Todo lo entenderéis en el Consejo que vamos a celebrar.

(Entra la alcaldesa, acompañada por la Pastora y la Ganadera)

(MUGOSO, Uco): — ¡Anda, qué sorpresa! La alcaldesa en persona.

(ANJANA, Casares): — Se bienvenida Luz. Encantadas de verte. Qué bien acompañada vienes

(ALCALDESA, Luz): — Yo también me alegro de veros, pero me temo que no es para nada bueno.

(ANJANA, Besaya): — Vaya, ¿qué pasa?. Otra vez el Trastolillo, ¿a qué sí?

(ALCALDESA, Luz): — ¡Ojalá que solo fuese eso!

(GANADERA, Nuria): — Oji el Ojáncano me ha vuelto a robar una oveja. Ya estoy harta.

(PASTORA, Irene): — A mí el Trastolillo me ha vuelto a tirar la harina por tooooda la casa.

(ALCALDESA, Luz): — Y ahora se han aliado con el Trasgo. El despista con sus bromas, mientras Trastolillo hace sus fechorías y Oji roba el ganado.

(PASTORA, Irene): — En mi cabaña tengo el suelo de tablones de madera. La harina se mete entre ellos. Ya me dirás cómo lo limpio.

(ANJANA, Saja): — Siempre estamos igual. Hay que hacerlos venir y hablar seriamente con ellos.

(ALCALDESA, Luz): — Pero muy seriamente, porque son muchos los vecinos de bastantes pueblos los que quieren salir a buscarlos y os aseguro que no tienen buenas intenciones, si los pillan.

(ANJANA, Deva): — ¡Ventolinessss! *(llama a los Ventolines que entran rápido en el escenario)*

(VENTOLIN, Nordeste): — Estábamos ayudando a un marinero de Santoña que ya no podía remar más y hemos escuchado que nos llamabas Deva.

(VENTOLIN, Sur): — Estaba agotado. Lo hemos llevado hasta la costa.

(MUSGOSO, Uco): — Vaya, espero que se encuentre bien. Menos mal que siempre estáis por allí.

(ANJANA, Casares): — Gracias Nordeste y Sur por venir tan rápido.

(ANJANA, Besaya): — Necesitamos vuestra ayuda para encontrar a tres de los nuestros y traerlos al Consejo del Bosque.

(VENTOLIN, Sur): — Contar con ello, ¿De quiénes se trata?

(ANJANA, Saja): — Ojáncano, Trasgo y Trastolillo. Necesitamos verlos con urgencia.

(VENTOLIN, Nordeste): — ¡Ufffff! No será fácil. Algo habrán liado y seguramente no querrán venir. Espero no tener que traerlos amarrados.

(ANJANA, Deva): — Decidles a los tres que yo les llamo. Quiero verlos y necesito dejar resuelto este problema antes de daros una noticia muy importante para mí y para todo el bosque. Nos vemos dentro de tres días. Alcaldesa, quiero que vosotras tres también estéis allí.

(ALCALDESA, Luz): — De acuerdo, aquí estaremos.

(ANJANA, Besaya): — Id con cuidado Ventolines. El carácter del Ojáncano ya sabemos que no es de lo mejor del bosque.

(Todos salen del escenario) (Entran el Ojáncano, el Trastolillo y el Trasgo. Oji trae la oveja robada. Están divirtiéndose)

(OJÁNCANO, Oji): — ¡Ummmm! Creo que he conseguido un buen ejemplar. Yo diría que el mejor del rebaño ¡Os invito!

(TRASTOLILLO, Trasto): — ¡Puaj, no gracias! No me gusta la carne de oveja. Además, tú te la comes cruda.

(TRASGO, Trasgo): — ¿Cruda?, qué asco ¡¿Cómo puedes comer eso?!

(OJÁNCANO, Oji): — ¡Fácil, tengo hambre!

(TRASTOLILLO, Trasto): — Claro Trasgo, como tu solo comes hierbas raras, no puedes entenderlo.

(TRASGO, Trasgo): — Bueno y de vez en cuando algún bocata que pillo cuando se despistan los excursionistas.

(OJÁNCANO, Oji): — Bueno, no se hable más. A comerrrrrr

(Oji se pone cómodo para comer. Entra Cernégula)

(TRASGO, Trasgo): — Hombre, buenas tardes Cernégula ¿Qué tripa se te ha roto?

(TRASTOLILLO, Trasto): — Confío que sea algo divertido. Hace ya mucho tiempo de mi última trastada. Estoy aburrido.

(OJÁNCANO, Oji): — Con la comida ni una broma, ¿eh Cernégula? No me gusta que me interrumpan cuando voy a comer.

(BRUJA, Cernégula): — Venimos a avisar de que los Ventolines os están buscando para llevaros al Consejo del Bosque ¡Quimia, Talania, están aquí!

(OJÁNCANO, Oji): — *(sin parar de comer)* ¿Otra vez? ¡Qué Anjanas más pesadas! No tengo nada que hacer allí.

(Entran Quimia y Talania)

(BRUJA, Quimia): — ¡Menos mal! Empezaba a cansarme de buscaros.

(BRUJA, Talania): — Me duelen los huesos de tanto andar.

(TRASGO, Trasgo): — ¿Para qué quieres la escoba?

(BRUJA, Quimia): — Si claro, para estrellarme contra los postes de la luz. Mira, mira, vete a la entrada de Barriopalacio.

(BRUJA, Cernégula): — Eso es verdad. Llevamos mucho tiempo pidiendo que lo quiten, pero ya veis ¡ahí sigue! Prometieron quitarlo, pero nada.

(OJÁNCANO, Oji): — ¡Son humanos! ¿qué esperabais? ¡Haremos, haremos… Nada, ¡nunca hacen!

(TRASTOLILLO, Trasto): — ¿Y para qué nos quieren en el Consejo?

(BRUJA, Cernégula): — Para lo de siempre. Pare deciros que os portáis mal y que tenéis que dejar de hacer lo que siempre hacéis.

(TRASGO, Trasgo): — ¡Divertirnos!

(BRUJA, Talania): — Eso es lo que les molesta, que lo paséis bien. Son muy raros, cada vez se parecen más a los humanos.

(Entran las Ventolines)

(VENTOLIN, Nordeste): — Vaya, vaya. Claro, teníais que estar con ellas.

(BRUJA, Quimia): — ¿Algún problema pajarito?

(VENTOLIN, Sur): — Es fácil encontraros, observando desde el aire.

(BRUJA, Talania): — ¿Vosotras no os estrelláis contra los postes de la luz?

(VENTOLIN, Nordeste): — No. Tenemos vista de águila. Tenéis que venir con nosotras. Deva quiere veros. A vosotras también brujas.

(BRUJA, Cernégula): — ¡¿En serio?! La Gran Anjana quiere vernos el día de su cumpleaños. ¿Y se puede saber para qué? ¡Qué raro, esta mujer nunca deja de sorprenderme? *(ironía)*

(OJÁNCANO, Oji): — No quiero ir, Estoy harto de hacer siempre lo que ella quiere. Soy el Ojáncano y hago lo que me da la gana.

(TRASTOLILLO, Trasto): — Me temo que no podemos elegir. Habrá que ir. Seguro que es para aguarnos la fiesta.

(TRASGO, Trasgo): — ¡Se avecina broncaaaaaa! *(sacude su mano)*

(BRUJA, Quimia): — Madre mía, que pereza.

(BRUJA, Talania): — Y claro, tenemos que ir andando. Aún tengo mi escoba incrustada en el poste de la luz.

(VENTOLIN, Sur): — ¡Venga vamos, que yo os vea!

(Todos salen del escenario. Las Ventolines van detrás) (Entra la Sirenuca, sola. Se pasea por el escenario, mirando a todos los lados)

(SIRENUCA, Mar): — Pues parece que por aquí está todo muy tranquilo. No hay nadie. Me estoy haciendo mayor, pero aún tengo buen oído y escuché el aviso con claridad *(se queda dudando y mirando a su alrededor)* No creo haberme equivocado.

(Entra el Musgoso)

(MUSGOSO, Uco): — Bienvenida Mar, eres la primera. Poco a poco irán llegando todos. Creo que va a ser un Consejo muy diferente.

(SIRENUCA, Mar): — ¿Porqué, ha ocurrido algo? No me digas más. Problemas con los de siempre, ¿a qué sí?

(MUSGOSO, Uco): — Bueno, más o menos. También van a venir los humanos.

(SIRENUCA, Mar): — Ya veo ya *(señalando al público)* Cómo os van las fiestucas ¿eh?

(Entran las Anjanas)

(ANJANA, Casares): — Hola Mar, que pronto has llegado. ¿Has tenido un buen viaje?

(ANJANA, Besaya): — Bienvenida, ¿has traído los percebes que me prometiste?

(ANJANA, Saja): — A ver donde celebramos el próximo Consejo para que puedas estar más cómoda. Aunque siempre puedes remojarte en el río Casares.

(SIRENUCA, Mar): — Si, he tenido un viaje tranquilo. Para remontar el Besaya y el Casares me han ayudado las truchas… y sí, he traído percebes, je,je,je.

(ANJANA, Casares): — ¿También hay percebes para mí?

(ANJANA, Saja): — Bueno, bueno, dejadla tranquila que seguramente habrá percebes para todos.

(ANJANA, Deva): — Gracias por tu esfuerzo Mar. Desde que formas parte del Consejo, nunca has fallado. Hoy es un día muy especial para mí. Pronto entenderéis el porqué.

(Entran las tres brujas)

(BRUJA, Quimia): — Mira quién está aquí. Ha venido la pescadilla *(con ironía)* ¿Qué tal estás bonita? *(Mar hace gestos de desagrado)*

(BRUJA, Cernégula): — Si, sí. Está claro. Una vez más no nos habéis tenido en cuenta, pero da igual. Ya veis que siempre nos enteramos. Al parecer Deva tiene algo muy importante que decirnos, ¿verdad Musgoso?

(MUSGOSO, Uco): — Yo no lo sé. Solo me dijo que os llamase a todos… y es lo que he hecho con mi flauta.

(ANJANA, Deva): — Así es. Tened paciencia que en breve lo vais a saber. De momento solo os diré que os afecta a todos. Esperemos a que lleguen los demás.

(Entran las Ventolines que traen al Ojáncano, el Trasgo y el Trastolillo)

(MUSGOSO, Uco): — ¡Anda! Pues sí que la cosa parece seria.

(VENTOLIN, Sur): — No querían venir

(VENTOLIN, Nordeste): — Los hemos traído a la fuerza.

(OJÁNCANO, Oji): — ¿Se puede saber qué es lo queréis? Tengo hambre. Aunque bien pensado, veo que aquí no me va a faltar carne fresca… y jugosilla *(mirando al público, relamiéndose)*

(TRASTOLILLO, Trasto): — No sé, pero esto no me parece una fiesta. Ya verás como algo nos cae.

(TRASGO, Trasgo): — Será a ti, que yo no he hecho nada.

(VENTOLIN, Nordeste): — Será mejor que estéis calladucos.

(BRUJA, Talania): — Habló el guardián del aire *(medio riéndose)* Tranquilos. Aquí estamos para defenderos.

(SIRENUCA, Mar): — ¡Menuda defensa!

(BRUJA, Quimia): — ¿Algún problema truchilla? ¡Cállate ya!

(Entran la Alcaldesa, la Ganadera y la Pastora)

(MUSGOSO, Uco): — ¡Qué sorpresa! ¿A qué se debe vuestra presencia?

(OJÁNCANO, Oji): — Vaya, esto se pone interesante.

(ALCALDESA, Luz): — De eso puedes estar seguro, Ojáncano. Ya tenía yo ganas de coincidir contigo.

(BRUJA, Cernégula): — A ver, a ver, un momentuco. ¿Qué significa esto, qué hacen ellas aquí? ¿Nos hemos vuelto locos? ¡Son humanas! Y que yo sepa este es un Consejo del Bosque.

(SIRENUCA, Mar): — Un Consejo al que no habéis sido llamadas.

(BRUJA, Quimia): — Cualquier día me meto en el agua, solo para comprobar si al menos allí se está calladuco el pescadito.

(ALCALDESA, Luz): — Hemos sido invitadas por la Anjana Deva. En nuestros pueblos está creciendo el malestar contra vosotros tres, debido a vuestras actuaciones y exigimos que se solucionen estos problemas.

(PASTORA, Irene): — El Trastolillo me ha vuelto a tirar la harina por tooooda la casa. Y no es la primera vez que lo hace. Luego tardo días en limpiarlo.

(TRASTOLILLO, Trasto): — No sé qué queréis de mí. Soy el Trastolillo. Hago trastadas, no sé hacer otra cosa.

(TRASGO, Trasgo): — Estamos para divertirnos. Lo pasamos muy bien. ¿Qué queréis, que repartamos caramelos?

(BRUJA, Talania): — Cuando necesitáis explicar lo que no tiene explicación, enseguida los nombráis, pero claro cuando no os gusta lo que hacen os quejáis.

(GANADERA, Nuria): — A mí el Ojáncano me roba ovejas continuamente. Estoy harta.

(BRUJA, Quimia): — ¿Cuándo tú tienes hambre, no comes?

(OJÁNCANO, Oji): — ¡Pues claro! No pretenderás que me ponga a cocinar. No sería el Ojáncano.

(ALCALDESA, Luz): — En los pueblos de alrededor, están organizándose grupos para salir a buscaros y si os pillan no respondo de lo que os hagan.

(ANJANA, Casares): — La mitología la creasteis los humanos. Incluidas nosotras… y también a ellas.

(ANJANA, Besaya): — Aunque si es verdad que siempre sois los mismos los que hacéis las mismas cosas. Podéis tener más cuidado y no ser tan cansinos.

(BRUJA, Cernégula): — Esto ya lo hemos hablado muchas veces. Cada uno hace lo que tiene que hacer. Oji es el terror

de los bosques, siempre lo será. De lo contrario no tendría sentido su existencia y lo del Trastolillo y el Trasgo es exactamente lo mismo.

(ANJANA, Saja): — Pero los humanos también son parte del bosque y a veces hacen cosas que no nos gustan, como talar árboles y cazar animales. Más de los que necesitan.

(ALCALDESA, Luz): — Estoy segura de que entre todos podemos llegar al equilibrio necesario para vivir sin molestarnos.

(VENTOLINES, Nordeste y Sur): — *(al mismo tiempo)* Pues nosotras no estamos tan seguras.

(VENTOLIN, Nordeste): — Ya sabéis donde estamos. En el horizonte, vigilando que todo vaya bien.

(VENTOLIN, Sur): — Misión cumplida. Nosotras nos vamos.

(VENTOLIN, Nordeste): — Si. Creo que los Ñuberos están empujando una tormenta hacia aquí y tenemos que vigilarlos.

(Los Ventolines salen del escenario)

(ANJANA, Deva): — Gracias Ventolines, adiós. Estoy de acuerdo con Luz, la alcaldesa. Siempre he defendido lo mismo. Trastolillo y Trasgo tenéis el poder de haceros invisibles y tú Oji, tienes una fuerza suficiente como para colocar enormes piedras en los ríos. No me gustaría tener que quitaros esos poderes.

(ALCALDESA, Luz): — Ahora que todos en el Consejo saben de nuestro enfado, espero que corrijáis vuestro comportamiento, y qué no tengamos que volver a quejarnos.

(La Alcaldesa, la Ganadera y la Pastora salen del escenario)

(OJÁNCANO, Oji): — Pues no sé qué quieren que coma. *(encogiéndose de hombros)* ¡En fin, me voy que tengo hambre! Y he visto por aquí unas vacucas muy apetecibles *(medio tapándose la boca para que solo le oiga el público. Sale del escenario)*

(TRASTOLILLO, Trasto): — Vaya. Pues sí que estamos buenos. Ahora resulta que los humanos se nos han vuelto muy sensibles ¡Pero si solo era un poco de harina!

(TRASGO, Trasgo): — Bueno Trasto, un poco solo. Pues nada nos divertiremos asustando a las vacas, que de eso no han dicho nada.

(TRASTOLILLO, Trasto): — Ya lo dirán, cuando las vean temblar del susto y que no les dan leche en varias semanas.

(Trastolillo y Trasto salen del escenario. Se quedan las cuatro Anjanas, las tres Brujas, el Musgoso y la Sirenuca)

(BRUJA, Talania): — Entonces, esto se ha acabado, ¿no? Es que ya estoy cansada. A ver si la próxima vez ponéis unas pacas para sentarnos.

(BRUJA, Quimia): — Si cariño, es que tú ya estás muy mayor ¿Para esto nos has hecho venir, Deva?

(SIRENUCA, Mar): — Te recuerdo que, a ti, nadie te ha llamado.

(BRUJA, Quimia): — Que yo esté aquí no es asunto tuyo. Cállate y preocúpate de no secarte. Sería una pena perderte *(con ironía)*

(SIRENUCA, Mar): — ¿Algún día explicarás porqué te llevas tan mal conmigo?

(ANJANA, Casares): — Seguramente que ni ella misma lo sabe. Cuando le coge ojeriza a alguien, no para.

(BRUJA, Cernégula): — No es ojeriza. Tiene sus motivos, pero no estamos aquí para solucionar vuestros problemas. ¿Me equivoco, Deva?

(Deva está muy triste. Se aparta del grupo. Deja su báculo en el suelo)

(ANJANA, Besaya): — ¿Qué ocurre Deva? Estás muy triste. ¿Qué ha pasado?

(ANJANA, Saja): — Qué va a pasar, mejor dicho. Si pensabais que Deva nos ha llamado solo para hablar con los humanos y con nuestros compañeros, estabais muy equivocados.

(MUSGOSO, Uco): — ¡Uy,uy,uy! Me temo algo malo, muy malo diría yo. No es muy normal ver a Deva tan triste.

(Se hace un silencio. Todos están expectantes. Deva levanta poco a poco la cabeza)

(ANJANA, Deva): — Amigucos, siempre supe que este momento tenía que llegar, pero jamás imaginé que sería tan difícil *(silencio que le sirve a Deva para colocarse en el centro del escenario)* Hoy es mi cumpleaños, si y no es un cumpleaños cualquiera.

(SIRENUCA, Mar): — ¡Claro que no lo es, hoy cumples 400 años!

(BRUJA , Talania): — ¿Y qué? Uno más. ¿No esperarás que te aplaudamos?

(ANJANA, Deva): — Humanos, habitantes de los bosques, animales, todos excepto las brujas, tenemos un final. Ellas no, ellas viven lo que les da la gana.

(BRUJA, Quimia): — ¡Es nuestra ventaja! Seguiremos estrellándonos, pero seguiremos volando, siempre.

(ANJANA, Deva): — Una Anjana existe durante 400 años, ni uno menos, pero ni uno más. Hoy es mi final, tengo que dejaros. Es necesario que me marche para siempre. Tengo que desaparecer.

(BRUJA, Cernégula): — ¡¿Ah siiiiiiiii?! Igual ya era hora, mira. Estamos de enhorabuena. Pues mira guapa, mejor ahora que luego. A partir de ahora el bosque será muy diferente. Es nuestra oportunidad *(dirigiéndose a las otras Brujas)*

(ANJANA, Saja): — Solo yo lo sabía. Deva me pidió que no dijera nada. Durante muchos años he estado preparándome para este momento. Yo seré la Gran Anjana, desde hoy mismo. Asumo sus poderes desde este momento.

(Deva recoge su báculo del suelo, lo enseña al público y lo intercambia con el báculo de Saja)

(BRUJA, Cernégula): — Vaya, pues seguimos igual. Vámonos, ya no tenemos nada que hacer aquí *(Las tres Brujas salen del escenario)*

(MUSGOSO, Uco): — Nosotros también nos vamos. Acompañaré a Mar hasta el río. Adiós Deva, te voy a echar mucho de menos.

(SIRENUCA, Mar): — Adiós amiga. Hasta siempre.

(Deva responde con gestos de su mano a los dos mientras salen del escenario. Se quedan las cuatro Anjanas)

(ANJANA, Deva): — Ha llegado el momento. Prometedme que cuidaréis del bosque igual que durante todos estos años.

(ANJANA, Casares): — Puedes estar segura. El bosque es de todos, lo protegeremos. Podrás estar orgullosa ¡Hasta siempre, querida Deva! *(sale del escenario)*

(ANJANA, Besaya): — Te vamos a extrañar mucho. Tu nos has enseñado todos los secretos de este bosque maravilloso. Ayudaremos a Saja, tanto como a ti. Me duele el corazón, pero, ¡adiós Deva! *(sale del escenario)*

(Deva está sola. Se acerca a un árbol. Se apoya en él y le habla:)

(ANJANA, Deva): — Bueno amigo, solo me falta despedirme de ti. Mi mejor amigo, mi confidente. Cuantas cosas hemos vivido, ¿eh? Desde pequeñuco te cuidé y mírate ahora. Estoy muy feliz de haberte visto crecer ¡Adiós pequeño! *(dirige su mirada a lo más alto del árbol)*

(Entra Cernégula)

(ANJANA, Deva): — ¿Qué quieres Cernégula? ¿A qué has vuelto, a contemplar y disfrutar de mi final?

(BRUJA, Cernégula): — No Deva. A pesar de todas nuestras diferencias, que han sido muchas, quería decirte que yo también siento mucho este momento. Te voy a echar muchísimo de menos.

(ANJANA, Deva): — Sé que eres sincera y que tú también tienes corazón. ¿Seguirás siendo quién eres, querrás mandar en el bosque a pesar de que sabes que nunca lo conseguirás?

(BRUJA, Cernégula): — Siempre habrá una Anjana que lo impida, ¿verdad? Y para eso has enseñado a Saja… y así siempre.

(ANJANA, Deva): — Así es Cernégula

(BRUJA, Cernégula): — Estoy cansada. Soy muy mayor. Llevo muchos años peleando contra vosotras. Es el momento de dejar paso a Brujas más jovenzuelas. Espero que ellas si consigan que quitéis el poste de la Luz de la entrada de Barriopalacio *(dirigiéndose al público)*

(ANJANA, Deva): — Y a vosotros humanos *(dirigiéndose al público)* solo me queda deciros lo que tantas veces os he dicho… *¡NUNCA DEJÉIS DE SOÑAR!*

(Las dos se abrazan y salen del escenario)(Suena la música final y van saliendo a saludar: Las Ventolines, la Sirenuca y el Musgoso. La alcaldesa, la Pastora y la Ganadera, Ojáncano, Trastolillo y Trasgo. Las Brujas Talania y Quimia. Las Anjanas Besaya, Saja y Casares y por último Cernégula y Deva cogidas de la mano)

Todas las imágenes incluidas en este libro cuentan con el permiso correspondiente de los responsables familiares de los protagonistas.

AGRADECIMIENTOS

AMPA SAN JOSE-ASTILLERO de 2017, por ser el detonante de esta aventura.

ELENA GUTIERREZ CEBALLOS, por decirme una vez: "échanos una mano".

MIEMBROS DE LA ASOCIACIÓN DE DESARROLLO RURAL "DOS VALLES", por confiar en un "desconocido" para llevar a cabo una de las actividades más significativas de la fiesta.

ANA SAUCE CERRO, por aportar ese punto de tranquilidad a los chicos y aportar ideas, siempre buscando mejorar.

YAIZA MANRIQUE por sus valiosas correcciones.

ASUN RIOS, CRIS SILIÓ, ISABEL RUIZ y CAROLINA QUIJANO, por su trabajo con los actores y actrices apuntando y ayudando. Colaborando en la tranquilidad necesaria para un estreno exitoso.

BEA FERNÁNDEZ, por su trabajo audiovisual, que nos permite tener un precioso recuerdo.

TISTA GONZÁLEZ, por su ayuda con el material de "atrezzo" necesario.

TODOS y CADA UNO de los actores y actrices, a los que he visto crecer en la responsabilidad de un buen hacer, quitándose tiempo de otras actividades veraniegas.

FAMILIAS, *por no poner ningún impedimento para dar el permiso necesario para incluir las fotografías. Por su trabajo con los diferentes trajes. Por esforzarse en que los actores y actrices se aprendieran los guiones y por el esfuerzo que suponía traer a sus hijos a los ensayos desde lugares a veces no muy cercanos.*

VECINOS de Barriopalacio, *por facilitar las cosas en todo momento.*

AYUNTAMIENTO DE ANIEVAS, *por cuidar que nuestro escenario estuviera a punto siempre.*

AYUNTAMIENTOS, *que nos recibieron con los brazos abiertos: Molledo, Reocín, Astillero-Guarnizo y Marina de Cudeyo…. Santander (truncado por la pandemia)*

MI FAMILIA, *por su apoyo, comprensión, respeto y cariño. Por su colaboración y también por sus horas corrigiendo mis errores.*

Índice